Dr. Doris Quinten

GESUNDHEITS-RATGEBER

Katzen

Vorsorge,
Erste Hilfe,
Behandlung,
Naturheilkunde

Die Deutsche Bibliothek –
CIP-Einheitsaufnahme

Quinten, Doris:
Gesundheits-Ratgeber Katzen : Erste Hilfe,
Behandlung, Naturheilkunde / Doris Quinten. –
München ; Wien ; Zürich : BLV, 1998
  ISBN 3-405-15294-1

Bildnachweis
Einbandfotos vorn: Pictor International
hinten: Doris Quinten

Alle Fotos: Doris Quinten, außer
S. 107: H. Eisenbeiss
S. 106: B. Frey
S. 41: H. Herrmann
S. 79, 82: U. Niehoff
S. 2, 9u, 32, 43ol, 51, 52, 53,
56, 75, 81u: H. Reinhard
S. 1, 18o: K. Skogstad
S. 9o, 90, 118: Ch. Steimer

BLV Verlagsgesellschaft mbH München Wien Zürich

80797 München

Das Werk einschließlich aller seiner Teile ist urheberrechtlich geschützt. Jede Verwertung außerhalb der engen Grenzen des Urheberrechtsgesetzes ist ohne Zustimmung des Verlages unzulässig und strafbar. Das gilt insbesondere für Vervielfältigungen, Übersetzungen, Mikroverfilmungen und die Einspeicherung und Verarbeitung in elektronischen Systemen.

© 1998 BLV Verlagsgesellschaft mbH, München

Einbandgestaltung: Studio Schübel, München
Layout, Satz und Zeichnungen:
Atelier Steinbicker, München
Lektorat: Dr. Friedrich Kögel
Herstellung: Sylvia Hoffmann
Druck: Appl, Wemding
Bindung: Sellier, Freising
Gedruckt auf chlorfrei gebleichtem Papier

Printed in Germany · ISBN 3-405-15294-1

»Sag mir, welches Tier Du besitzt, und ich sage Dir, wer Du bist«. So ganz von der Hand zu weisen ist das etwas abgewandelte Sprichwort nicht. Mit einer Katze lebt es sich anders als z.B. mit einem Hund. Katzen haben zwar nicht weniger, dafür aber völlig andere Ansprüche an ihre menschlichen Freunde.

Ein Mensch, der mit seiner Katze in Harmonie leben will, sollte ein hohes Maß an Toleranz und Achtung vor dem kleinen Hausgenossen besitzen. Eine Katze schenkt ihre Zuneigung **wem** sie will und vor allem **wann** sie will.

Durch die Domestikation haben wir unseren Haustieren jede Entscheidungsgewalt über ihre Lebenssituation abgenommen. Sie sind uns völlig ausgeliefert. Wie in §1 des Tierschutzgesetzes formuliert wird, haben wir dadurch eine Verantwortung übernommen – die Verantwortung für das Tier als Mitgeschöpf, dessen Leben und Wohlbefinden zu schützen.

Als Ausgleich für die verlorene Freiheit sind wir verpflichtet, die von uns aufgenommenen Tiere auch an den Segen der modernen Zivilisation teilhaben zu lassen und damit auch an den Errungenschaften der modernen Medizin.

Die nachfolgenden Kapitel geben Ihnen Informationen, wie Sie die Gesundheit Ihrer Katze erhalten und bei auftretenden Erkrankungen mit Unterstützung des Tierarztes nach Möglichkeit wiederherstellen können.

Eine frühzeitige **tierärztliche** Behandlung, **kompetente** häusliche Pflege und die **richtig**e Anwendung von **Naturheilmitteln**, dort wo es sinnvoll ist, helfen Gesundheitsstörungen zu überwinden.

Für meine Freundin Barbara

INHALT

Vorwort	5

Physiologische Daten der gesunden Katze — 8
Lebenserwartung	8
Geschlechtsreife	8
Katzenzyklus	8
Trächtigkeit	9
Geburt	9
Entwicklung gesunder Kätzchen	9
Körpergewicht	10
Innere Körpertemperatur	10
Zahnwechsel	11

Gesundheitsvorsorge — 14
Schutzimpfungen	14
Entwurmung und Kotuntersuchungen	14
Gewichtskontrolle	15
Blutuntersuchung	15
Herzkontrolle und Elektrokardiogramm (EKG)	16
Zahnkontrolle und Zahnpflege	16
Kastration	16
Ernährung	17
Der Tierarztbesuch	19
Der Transport zum Tierarzt	19
In der Tierarztpraxis	20

Viruserkrankungen — 26
Katzenseuche	26
Katzenschnupfen	28
Tollwut	32
Leukose (FeLV)	34
Feline Infektiöse Peritonitis (FIP)	36
Katzen-AIDS	39
Aujeszkysche Krankheit	40

Hauterkrankungen — 42
1. Ektoparasiten	42
Flöhe	42
Zecken	45
Läuse	46
Haarlinge	48
Hautmilben	49
Herbstgrasmilben	50
Fliegenlarven	52
2. Hautpilze	53
3. Ernährungsfehler	56
4. Allergien und Autoimmunerkrankungen	57
5. Hormoneller Haarausfall	59
6. Hauttumoren	60

Verdauungstrakt — 64
1. Zähne	64
Zahnstein	64
Zahnfleischentzündung	66
Neck lesions	68
2. Magen	70
Erbrechen	70
Pilobezoare und andere Fremdkörper	71
3. Darm	73
Würmer	73
Toxoplasmose	77
Durchfall	79
Verstopfung	80
4. Leber	82
Leberentzündung	82
Leberverfettung	83
5. Bauchspeicheldrüse	84
Erkrankungen des exkretorischen Teils der Bauchspeicheldrüse	84
Diabetes mellitus (Zuckerkrankheit)	86

Harnorgane — 90
Eingeschränkte Nierenfunktion	90
Blasenentzündung	92
FUS – das Feline Urologische Syndrom	94

Fortpflanzungsorgane — 96
Scheinträchtigkeit	96
Gesäugetumoren	96
Kryptorchismus	98
Krankheiten durch hormonelle Beeinflussung der Geschlechtsfunktionen	99

Brustorgane	101
Infektionen der Atemwege	101
Tumoren des Atemtraktes	102
Herzkrankheiten	103

Sinnesorgane	108
Krankheiten der Augenlider	108
Krankheiten der Bindehaut	109
Nickhautvorfall	111
Erkrankungen des Tränenapparates	111
Erkrankungen der Augenhornhaut	112
Grüner Star	113
Veränderungen der Pupille	114
Grauer Star	115
Erkrankungen der Netzhaut (Retina)	115
Ohrmilben	116
Mittelohrentzündung	117
Taubheit	118

Schlußwort	124

Nützliche Adressen	125

Register	126

WICHTIGE THEMEN FÜR KATZENHALTER

Erste Hilfe	12–13
Kranken- und Körperpflege	21–25
Zoonosen	62–63
Allergie beim Menschen	89
Vergiftungen	105–107
Verhaltensprobleme der Katze	119–121
Naturheilkunde	122–123

PHYSIOLOGISCHE DATEN DER GESUNDEN KATZE

Lebenserwartung

Das Leben einer Katze ist für den Menschen, der sie liebt, immer zu kurz, auch dann, wenn sie das biologische Höchstalter erreicht. Die durchschnittliche Lebenserwartung unserer Samtpfoten beträgt ca. 15 Jahre. Einzelne Tiere, vor allem Siamkatzen, können bis zu 25 Jahre alt werden.

Jeder, der seine Katze liebt, wünscht ihr ein langes Leben.

Geschlechtsreife

Die Geschlechtsreife tritt beim Kater mit etwa 9 Monaten ein. Es gibt jedoch auch »frühreife« Tiere, die bereits mit 7 Monaten paarungsbereit sind.
Die weibliche Katze wird mit 7–8 Monaten geschlechtsreif; Rassekatzen wie z.B. Perser oder Siamkatzen oft später (zwischen 9–12 Monaten). Die erste Raunze, auch Rolligkeit genannt, kann in manchen Fällen schon zwischen dem 4. und 6. Lebensmonat auftreten. Die Tiere sind jedoch zu diesem Zeitpunkt noch nicht ausgereift. Nach einem Deckakt während einer so verfrühten Rolligkeit kommt es selten zur Trächtigkeit.

Katzenzyklus

Der Katzenzyklus ist eigentlich kein richtiger Zyklus. Anders als bei den meisten Säugetieren, bei denen in bestimmten Abständen ein Eisprung in den Eierstöcken erfolgt, kommt es bei der Katze nicht spontan, sondern erst beim Deckakt zum Eisprung. Die Rolligkeit dauert ungefähr 2–5 Tage. Wird die Katze in dieser Zeit nicht gedeckt, bildet sich das Ei im Eierstock zurück und ein neues reift heran. Die Eireifung dauert ca. 10 Tage. Danach wird die Kätzin wieder rollig.
Von Frühjahr bis Frühherbst treten die Rolligkeiten etwa alle 14 Tage auf. Ab September werden die Raunzen seltener und fallen schließlich ganz aus. Es tritt die Winterruhe ein. Diese Vorgänge werden durch die Länge des Tageslichtes beeinflußt. Je länger das Tageslicht einwirkt (im Frühjahr und Sommer länger als im Herbst und Winter), desto häufiger reift ein Ei im Eierstock der Katze und desto häufiger wird sie rollig. Wohnungskatzen, die an Winterabenden elektrischem Licht ausgesetzt sind, können auch im Winter rollig werden.

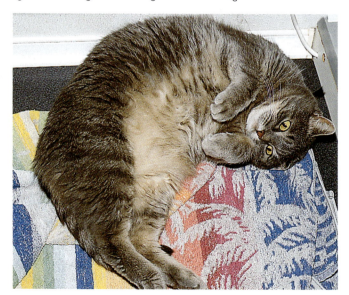

Die Raunze kann einem Katzenfreund die Nachtruhe rauben.

Trächtigkeit

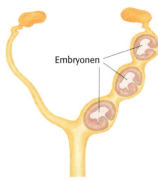

Die befruchteten Eier nisten sich in der Gebärmutter ein und werden zu kleinen Katzen.

Wird die Katze gedeckt, so erfolgt der Eisprung. Das Ei löst sich im Eierstock von seiner Unterlage, wandert im Eileiter in Richtung Gebärmutter und wird durch den aufsteigenden Samen des Katers befruchtet. Das befruchtete Ei setzt sich in der Gebärmutter fest und entwickelt sich – wenn alles gut geht – zu einem kräftigen Katzenkind. Der Einfachheit halber wurde nur von 1 Ei geredet. Tatsächlich sind es jedoch meist 4–6 Eier, die gleichzeitig heranreifen, befruchtet werden und sich in der Gebärmutter zu Kätzchen entwickeln. Nach etwa 63 Tagen – solange dauert die Trächtigkeit – werden die Katzenkinder geboren.

Geburt

Beim Herannahen der Geburt hat die Katze den Drang ein »Nest« zu bauen. Kurz vor dem Geburtsbeginn, wenn die Wehen einsetzen, wird das Muttertier unruhig. Es hechelt und leckt sich. Die Geburt selbst kann lange dauern. In manchen Fällen werden 1–2 Tage nach scheinbar beendeter Geburt noch Kätzchen geboren. Solange die Katze kein Fieber hat und kein unangenehm riechender, dunkler Scheidenausfluß auffällt, brauchen Sie sich keine Sorgen zu machen.

Die Austreibungsphase ist unterschiedlich lang. Ist ein Kätzchen geboren, befreit es die Mutter von den Nabelhüllen, beißt die Nabelschnur durch und leckt das Neugeborene trocken. Die Nachgeburt wird von der Mutter gefressen. Die neugeborenen Kätzchen suchen sofort die Zitzen und beginnen Milch zu saugen.

Entwicklung gesunder Kätzchen

Neugeborene gesunde Katzenbabys wiegen bei der Geburt zwischen 80 g und 120 g. Sie

Kleine Kätzchen sind fast immer zu einem Spiel aufgelegt.

Die Mutter beißt die Nabelschnur durch und leckt das Neugeborene sauber.

PHYSIOLOGISCHE DATEN DER GESUNDEN KATZE

kommen blind zur Welt. Zwischen der 8. und 10. Woche beginnt die Katzenmutter die Jungen zu entwöhnen. Ab der 10. Woche können die Kätzchen ohne Bedenken von der Mutter genommen werden. Sie sind nun selbständig genug, um sich an ein neues Heim und an eine neue Familie zu gewöhnen. Die angeborene Neugierde hilft ihnen, die neue Welt zu erobern. Nach 15 Monaten ist eine Katze völlig ausgewachsen. Ab diesem Zeitpunkt ist eine Altersbestimmung kaum mehr möglich.

Entwicklungsschema bei gesunden Kätzchen	
6.– 12. Tag	Öffnen der Augen
22. Tag	Katzenbabys können laufen
23. Tag	erste Fellpflege
28. Tag	erste Kletterversuche
35. Tag	erste Spiele mit den Geschwistern

Erste Körperpflegeübungen kann man ab der 3. Lebenswoche beobachten.

Körpergewicht

Übergewicht ist ein großes Gesundheitsrisiko und schränkt die Lebensfreude ein.

Das **Idealgewicht** einer ausgewachsenen weiblichen Katze liegt zwischen 2,5 und 4 kg. Bei einem großen männlichen Tier kann man auch 5 kg noch akzeptieren. Jedes weitere Pfund darüber ist in den meisten Fällen auf zu üppiges Essen zurückzuführen und belastet die Gesundheit. **Untergewicht** ist immer ein Alarmzeichen und sollte in jedem Fall Anlaß zu einem Tierarztbesuch sein.

Innere Körpertemperatur

Die innere Körpertemperatur wird rektal, d.h. im Enddarm gemessen. Verwenden Sie bitte kein Glasthermometer mit Quecksilberfüllung. Bei starker Abwehr des kleinen Patienten könnte es zerbrechen und die Katze verletzen. Es gibt heute praktische und recht preiswerte digitale Fieberthermometer zu kaufen. Sie haben nur einen geringen Durchmesser und lassen sich, mit etwas Vaseline gleitfähig gemacht, leicht in den After einführen. Die Meßzeit beträgt etwa 1 Minute. Das Ende der Meßzeit wird, je nach Fabrikat, durch Blinkzeichen oder Signalton angezeigt. Temperaturen zwischen 38,0°C und 39,3°C liegen im Normalbereich. Bei Werten unter 38,0°C spricht man von Untertemperatur. Meßwerte über 39,3°C bedeuten erhöhte Temperatur und Werte über 39,5°C Fieber.

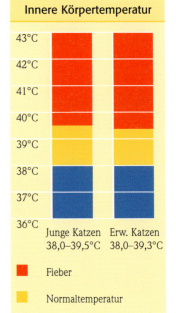

Junge Kätzchen haben in der Regel leicht erhöhte Temperatur (bis 39,5°C), ohne daß eine Krankheit besteht. Auch bei Aufregung, nach körperlicher Anstrengung oder nach einer ausgiebigen Mahlzeit kann die innere Körpertemperatur um 0,1–0,2°C ansteigen. Diese Faktoren muß man berücksichtigen, wenn man beurteilen will, ob eine Katze Fieber hat.

Zahnwechsel

Die Katze hat ein reines Fleischfressergebiß, mit dem sie Beutetiere ergreift und tötet. Die Nahrung wird nicht, wie z.B. beim Wiederkäuer oder bei uns Menschen, zwischen den Zähnen zermahlen. Katzen zerreißen ihre Beutetiere unter Zuhilfenahme der Vorderläufe in Stücke und schlingen sie ungekaut hinunter. Knochen werden durch die Reißzähne (Backenzähne im Ober- und Unterkiefer) brechscherenartig zerkleinert. Die Kiefergelenke sind so konstruiert, daß sie keine Seitwärtsbewegungen, wie sie zum Zermahlen von Nahrung notwendig wären, erlauben.
Das **Milchgebiß** der Katze besteht aus insgesamt **26 Zähnen**. Ab der 3. Lebenswoche beginnen die Katzenwelpen »zu zahnen«, d.h. die ersten Milchzähnchen brechen durch. Mit etwa 6 Wochen ist das Milchgebiß vollständig.
Der Zahnwechsel erfolgt zwischen dem 3. und 6. Lebensmonat. Alle Milchzähne werden durch bleibende Zähne ersetzt. Zusätzlich brechen etwa im Alter von 5–6 Monaten im Ober- und Unterkiefer noch jeweils 2 Backenzähne durch das Zahnfleisch, so daß das **bleibende Gebiß 30 Zähne** hat.

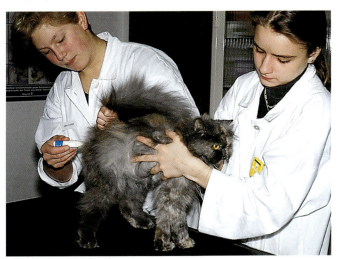

Die innere Körpertemperatur wird im Enddarm gemessen.

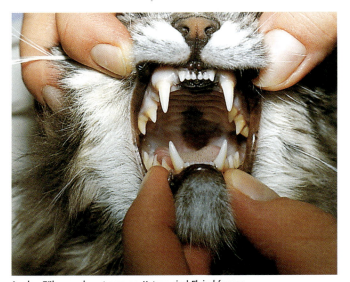

An den Zähnen erkennt man es: Katzen sind Fleischfresser.

ERSTE HILFE

Der Erfolg von Erste-Hilfe-Maßnahmen hängt nicht nur von der richtigen Technik, sondern auch davon ab, ob der Besitzer »die Nerven behält«. Unnötige Hektik verhindert umsichtiges Handeln und kann dem kleinen Patienten das Leben kosten.

➤ Wunden

Biß-, Kratz-, Riß- oder Schürfwunden müssen gründlich gereinigt und desinfiziert werden, um der Bildung von Abszessen sowie der Streuung von Krankheitserregern in die Blutbahn (»Blutvergiftung«) vorzubeugen. Spülen Sie die Wunden mit 3 %-igem Wasserstoffsuperoxid großzügig, indem Sie das H_2O_2 hinein- und darübergießen. Anschließend tupfen Sie die Wund**ränder** mit einem sauberen Tuch (nicht die Wundfläche). Danach tropfen Sie etwas Desinfektionsmittel auf die Verletzung.
Verwenden Sie keine jodhaltigen Präparate. Sie sind für Katzen unverträglich. Größere Wunden sollten Sie einem Tierarzt zeigen. Er entscheidet, ob genäht werden oder ein Antibiotikum eingesetzt werden muß.

➤ Blutungen

Blutungen aus kleineren Gefäßen (z.B. abgerissene Krallen, Biß- oder Schnittverletzungen) kann man durch festen Druck auf das verletzte Gefäß mit einer blutstillenden Watte zum Stillstand bringen. Wenn Sie im Notfall kein solches Präparat zur Hand haben, genügt es, wenn Sie die Wunde mit einem sauberen Tuch komprimieren. Durch den ausgeübten Druck schließt sich das Gefäß und verklebt meist nach ein paar Minuten. Reiben Sie danach nicht über die Wunde. Das verklebte Gefäß könnte sich wieder öffnen und erneut bluten.
Stoßweise austretendes helles Blut deutet auf eine Verletzung einer Arterie (»Schlagader«) hin. Dadurch verlieren die Patienten in kurzer Zeit sehr viel Blut. Es besteht **Lebensgefahr!** Auch hier können Sie zunächst versuchen, das Blutgefäß durch Druck zu verschließen. Je nach Größe der Arterie kann es bis zu 20 Minuten dauern, bis das Gefäß verklebt. Tritt nach dieser Zeit bei Verringerung des Drucks immer noch Blut aus, müssen Sie bei einer Gliedmaßenverletzung das Gefäß abbinden. Dazu wird ein 2–3 cm breiter Stoffstreifen herzwärts über der Wunde um die Gliedmaße gebunden. Lockern Sie auf dem Weg zum Tierarzt alle Viertelstunde etwa 1 Minute die Staubinde und ziehen Sie sie danach wieder fest. Sie verhindern damit, daß der untere Teil der abgebundenen Gliedmaße durch die mangelnde Blutversorgung abstirbt.
Tritt die Blutung am Rumpf auf, so hilft ein Druckverband. Pressen Sie ein sauberes, zu einem kleinen Päckchen zusammengelegtes Tuch oder eine Monatsbinde auf die blutende Stelle. Fixieren Sie sie unter Druck mit einem Verband um den ganzen Rumpf. Wenn das Blut durch den Verband sickert, nehmen Sie ihn nicht weg, sondern wickeln einen neuen Verband unter verstärktem Druck darüber. Pressen Sie die Hand fest auf den Verband und fahren sie sofort zum Tierarzt.

➤ Verbrennungen

Halten Sie Brandwunden sofort etwa 10 Minuten unter eiskaltes fließendes Wasser. Anschließend legen Sie Eiswürfelpackungen (in ein sauberes Tuch eingewickelt) auf die Verletzung und fahren zum Tierarzt. Verwenden Sie niemals Mehl, Brandsalben oder sonstige lokal anzuwendende Medikamente als Erste-Hilfe-Maßnahme. Die Anwendung solcher falschen Hausmittel führt zu schwersten Komplikationen bei der Wundheilung.

➤ Epileptische Anfälle

Krampfanfälle können verschiedene Ursachen haben. Bei einem epileptischen Anfall besteht die Gefahr, daß sich das Tier verletzt. Legen Sie vorsichtig eine Decke über die krampfende Katze und halten Sie das Tier so lange fest, bis der Krampf vorüber ist. Reden Sie dabei beruhigend auf die Katze ein, auch wenn Sie den Eindruck haben, daß das Tier das Bewußtsein verloren hat. Manchmal hilft es auch, wenn der Besitzer leise eine Melodie summt, um einen Krampfanfall abzukürzen. Seien Sie jedoch

ERSTE HILFE

vorsichtig! Das betoffene Tier ist durch den Anfall oft so verstört, daß es den Besitzer zunächst nicht kennt und aus Angst wild um sich beißt. Fahren Sie, wenn sich die Katze beruhigt hat, zum Tierarzt, um die Ursache des epileptischen Anfalls abzuklären und eine entsprechende Behandlung einzuleiten.

➤ Hitzschlag

Ein Hitzschlag entsteht durch Aufheizung des Katzenkörpers über 42°C. Das kann sehr schnell passieren, wenn sich eine Katze im Sommer in einem in der Sonne geparkten Auto befindet. Innerhalb kurzer Zeit (ca. 10 Minuten!) entstehen im Innern des Fahrzeuges Temperaturen bis 60°C. Eine Katze, die sich in einem solchen Auto befindet, wird sehr schnell das Bewußtsein verlieren. Besonders gefährlich im Sommer ist der Transport einer Katze in einer geschlossenen Ledertasche. Die wenigen Luftlöcher reichen für die notwendige Luftzirkulation und Abkühlung nicht aus. Auch hier besteht die Gefahr einer Überhitzung.
Als Erste-Hilfe-Maßnahme muß das Tier sofort abgekühlt werden. Bringen Sie die Katze in einen kühlen Raum und machen Sie bis zum Eintreffen des Tierarztes kalte Umschläge mit Eisbeuteln oder mit immer wieder neu in kaltem Wasser getränkten Tüchern. Kann der Tierarzt nicht zu Ihnen nach Hause kommen, so kühlen Sie Ihr Fahrzeug vor dem Transport der Katze ab. Sie erreichen eine relativ gute Abkühlung, indem Sie mehrmals mit geöffneten Fenstern »um den Block« fahren. Auf dem Transport zum Tierarzt muß die Katze weiter durch nasse Umschläge gekühlt werden.

➤ Schock

So erkennen Sie, ob Ihre Katze z.B. nach einem Unfall unter Schock steht:
1. Drücken Sie mit dem Finger auf das Zahnfleisch der Katze. Die Druckstelle wird weiß und färbt sich nach 1–2 Sekunden wieder rosa. Dauert diese Kapillarfüllungszeit (KFZ) länger oder ist das Zahnfleisch auch ohne Druck porzellanweiß, so ist das ein Zeichen von Schock. Es besteht Lebensgefahr!
2. Fühlen Sie die Hauttemperatur der Gliedmaßen. Beim Schock fühlen sie sich kühl an. Das akute Kreislaufversagen (Schock) erfordert sofortiges Handeln. Legen Sie das Tier ohne Hektik auf eine flache, weiche Unterlage. Krümmen Sie vor allem Unfallopfer beim Hochheben nicht zusammen. Eine eventuelle Wirbelsäulenverletzung kann dadurch verschlimmert werden. Wischen Sie verklebtes Blut oder Schmutz von den Nasenöffnungen ab. Legen Sie eine leichte Decke über den Patienten, um die Körperwärme zu erhalten und fahren Sie unverzüglich zum Tierarzt. Je eher der Patient mit Infusionen und kreislaufstabilisierenden Medikamenten behandelt wird, desto höher sind die Überlebenschancen.

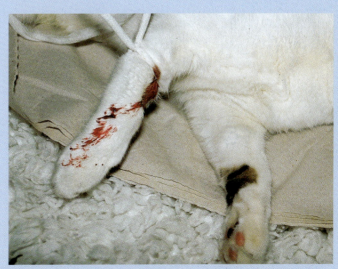

Bei stoßweise austretendem Blut muß die Gliedmaße oberhalb der blutenden Wunde abgebunden werden.

Um Krankheiten vorzubeugen sowie versteckte Erkrankungen frühzeitig zu erkennen, empfiehlt sich eine regelmäßige Gesundheitskontrolle, mindestens einmal im Jahr.

Impfschema	* bei Verwendung eines Todimpfstoffs jährlich	
Krankheit	**Grundimmunisierung**	**Auffrischung**
Katzenseuche	2 x im Abstand von 3–4 Wochen	alle 2 Jahre*
Katzenschnupfen	2 x im Abstand von 3–4 Wochen	jährlich
Leukose	2 x im Abstand von 3–4 Wochen	jährlich
Tollwut	1 x	jährlich
FIP	2 x im Abstand von 3–4 Wochen	jährlich

Folgendes Vorsorgeprogramm hat sich bewährt:
- Schutzimpfungen
- Kotuntersuchung und Entwurmung
- Gewichtskontrolle
- Blutuntersuchung
- Herzkontrolle und EKG
- Zahnkontrolle und Zahnpflege
- Ernährung

Schutzimpfungen

Die jährliche Schutzimpfung ist die beste Vorbeugung gegen die gefährlichen Infektionskrankheiten Katzenseuche, Katzenschnupfen, Tollwut, Leukose und FIP. Katzenbabys **geimpfter** Mütter nehmen die Antikörper gegen diese meist tötlich verlaufenden Erkrankungen mit der Muttermilch auf und sind dadurch bis zur 8. Lebenswoche immun. Dieser »maternale« Schutz würde durch eine zu frühe Impfung, also vor der 8. Lebenswoche, gestört. Mit 8 Wochen allerdings sollte mit der Grundimmunisierung begonnen werden.
Welpen ungeimpfter oder unzureichend geimpfter Mütter kann man mit einer passiven Impfung schon ab der 4. Lebenswoche kurzfristig schützen. Sie erhalten vom Tierarzt ein Serum, das die gleichen Antikörper enthält, wie die Muttermilch geimpfter Kätzinnen. 3 Wochen hält dieser Schutz und muß dann durch die reguläre Impfung ergänzt werden.
Da man die Erreger von **Katzenseuche** und **Katzenschnupfen** mit Kleidung und Schuhen in die Wohnung einschleppen kann, müssen auch reine Wohnungskatzen gegen diese Erkrankungen geimpft sein.
Leukose und **FIP** werden hauptsächlich durch direkten Kontakt mit infizierten Katzen übertragen. Besteht kein Kontakt zu anderen Katzen, ist die Impfung gegen diese Krankheiten nicht unbedingt erforderlich. Sie ist jedoch zu empfehlen, da man ja nicht weiß, ob es im Leben der Katze nicht doch einmal eine Situation geben wird, in der sie mit anderen Katzen in Berührung kommt (z.B. wenn sie einmal »ausbüchst«).
Tollwut wird durch den Biß eines tollwütigen Tieres übertragen. Aus diesem Grund brauchen eigentlich nur Freigänger dagegen geimpft zu werden. In Waldgebieten empfiehlt sich aber auch Wohnungskatzen zu impfen, aus dem gleichen Grund wie bei Leukose und FIP. Wer kann, wenn das Tier einmal wegläuft, garantieren, daß es nicht mit einem tollwütigen Fuchs in Berührung kommt. Um eine Katze mit ins Ausland nehmen zu können, müssen Sie eine aktuelle Tollwutimpfung durch den Impfpaß nachweisen.

Entwurmung und Kotuntersuchungen

Fast alle jungen Kätzchen sind verwurmt. Sie müssen daher konsequent gegen Spul-, Haken- und Bandwürmer behandelt werden. Erwachsene Tiere sollten nur entwurmt werden, wenn durch eine Kotuntersuchung festgestellt wurde, daß sie auch wirklich Würmer in ihrem Darm beherbergen. Zur Kontrolle reicht eine regelmäßige mikroskopische Kotuntersuchung durch den Tierarzt. Bringen Sie am besten einmal im Jahr zum Impftermin eine bohnengroße Menge Kot zur Untersuchung mit. Vor allem erwachsene Wohnungskatzen haben nur in ganz seltenen Fällen Wumbefall. Eine Entwurmung ohne Kotkontrolle ist daher in vielen Fällen eine sinnlose Belastung des Katzenkörpers mit Medikamenten. Präparate, die Darmparasiten **abtöten**, sind auch für den Patienten nicht gerade gesund und sollten nur angewandt werden, wenn es wirklich erforderlich ist.

Eine Entwurmung ohne vorherige Kotuntersuchung belastet oft unnötig den Organismus.

Regelmäßige Gewichtskontrolle ist ein wichtiger Punkt der Gesundheitsvorsorge.

Gewichtskontrolle

Wenn man mit einem Tier zusammenlebt, bemerkt man eine schleichende Gewichtsveränderung meist erst sehr spät. Eine **Gewichtszunahme** ist ein Anzeichen für Überernährung. **Gewichtsabnahme** ist eventuell ein Symptom für versteckte Erkrankungen. Beides erfordert eine Reaktion. Im ersten Fall hilft die Futterreduzierung; im zweiten Fall eine tierärztliche Untersuchung, um der Ursache des Abnehmens auf die Spur zu kommen.

Kontrollen des Gewichts sind daher ein wesentlicher Punkt der Gesundheitsvorsorge.
Stellen Sie sich alle 14 Tage mit Ihrem vierbeinigen Freund auf die Waage. Anschließend wiegen Sie sich alleine und ziehen Ihr Gewicht vom Gesamtgewicht ab. Die Differenz ergibt das Körpergewicht der Katze.

Blutuntersuchung

Viele Organerkrankungenbemerkt man erst im fortgeschrittenen Stadium. Ab dem 6 Lebensjahr sollte daher bei der Katze einmal jährlich eine Blutuntersuchung durchgeführt werden, um die Funktion der Organe zu kontrollieren. Das Argument mancher überängstlicher Tierbesitzer, die

Eine Blutuntersuchung hilft, Erkrankungen im Anfangsstadium zu erkennen.

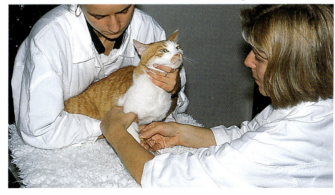

Blutuntersuchung belaste die Katze zu sehr, ist falsch verstandene Tierliebe. Wenn sich versteckte Erkrankungen später mit massiven Symptomen manifestieren, leidet der Patient sicher mehr als unter einem kleinen Stich in die Vene als Vorsorgemaßnahme. Die meisten Organerkrankungen sind durch Medikamente noch gut zu beeinflussen, wenn sie nur frühzeitig erkannt werden. Fast alle Katzen lassen sich eine Blutabnahme ohne Gegenwehr gefallen.

Herzkontrolle und Elektrokardiogramm (EKG)

Herzerkrankungen werden bei Katzen immer häufiger diagnostiziert. Wie groß die Chance ist, auch als herzkranke Katze eine langes und beschwerdefreies Leben zu führen, hängt entscheidend davon ab, wie früh die Fehlfunktion dieses wichtigen Organs festgestellt und durch Medikamente beeinflußt werden kann. Zur Kontrolle der Herzfunktion eignet sich neben der routinemäßig durchgeführten Auskultation (Abhören) des Herzens mit dem Stethoskop das Elektrokardiogramm (EKG). Die Impulse des Herzschlags werden dabei durch ein spezielles Gerät gemessen und als Kurven ausgedruckt. Veränderungen des Herzmuskels, Herzrhythmusstörungen oder eine Minderleistung des Kreislauforgans können damit diagnostiziert werden. Durch eine Röntgenaufnahme kann der Tierarzt die Größe des Herzens beurteilen.

Das Abhören des Herzens mit dem Stethoskop ist Grundlage jeder Allgemeinuntersuchung.

Zahnkontrolle und Zahnpflege

Bei jedem Impftermin (einmal im Jahr) wird der Tierarzt das Gebiß der Katze kontrollieren. Zahnstein muß schnellstmöglich entfernt, erkrankte Zähne versorgt werden. Ob dafür eine Narkosetermin erforderlich ist, wird der Tierarzt im Einzelfall entscheiden. Zur Vorbeugung gegen Zahnstein- und Zahnerkrankungen empfiehlt es sich, mindestens zweimal pro Woche die Zähne der Katze mit einer speziellen für Tiere hergestellten Zahnpasta zu putzen. Diese Zahnpasta ist auf Knochenmehlbasis hergestellt und kann von den Tieren abgeschluckt werden. Manche Pasten schmecken sogar nach Hühnchen oder Rindfleisch.

Kastration

Als Kastration bezeichnet man die Entfernung der Hoden beim Kater und der Eierstöcke beim weiblichen Tier. Vielfach wird bei der Kätzin fälschlicherweise der Ausdruck **Sterilisation** verwendet. Sterilisation bedeutet jedoch das Abbinden der Eileiter, um zu verhindern, daß ein reifes Ei vom Eierstock in die Gebärmutter gelangt. Zur Verhinderung der Rolligkeit müssen jedoch beide Eierstöcke entfernt werden. Neben dem Vorteil, daß eine weibliche Katze nicht mehr rollig

GESUNDHEITSVORSORGE

Kastration bei der Kätzin bedeutet die vollständige Entfernung der Eierstöcke.

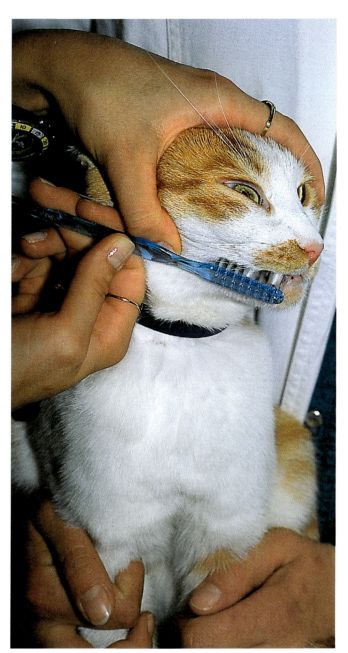

Zähneputzen mindestens zweimal in der Woche beugt Zahnstein und Zahnerkrankungen vor.

und trächtig werden kann und ein Kater nicht mehr mit übelriechendem Urin die Wohnung markiert, ist die Kastration bei der Kätzin auch als vorbeugende Gesundheitsmaßnahme zu werten. Kastrierte Kätzinnen erkranken so gut wie nie an Gesäugetumoren oder Gebärmuttervereiterungen.

Ernährung

Die natürliche Nahrung der Katze besteht aus kleinen Säugetieren (z.B. Mäusen) und gelegentlich Vögeln. Diese Beutetiere liefern nicht nur Muskelfleisch, sondern auch Innereien, Knochen und damit Mineralstoffe (Kalzium und Phosphat), Mageninhalt (vorverdaute Kohlenhydrate), Blut und damit Salze sowie Ballaststoffe in Form von Fell oder Federn.
Die ideale Katzenration sollte in ihrer Zusammensetzung der natürlichen Nahrung entsprechen. Eine Reihe von Krankheiten sind ernährungsbedingt oder werden durch flasche Ernährung ausgelöst. Bieten Sie daher Ihrem Kätzchen von Anfang an eine abwechslungsreiche und hochwer-

GESUNDHEITSVORSORGE

Die natürliche Nahrung der Katze besteht aus kleinen Säugetieren.

Die Ernährung der Katze sollte vollwertig und abwechslungsreich sein.

tige Ernährung. Einseitige Futterzusammenstellung und mindere Futterqualität ist Sparsamkeit am falschen Ende, die Sie nicht selten im Laufe des Katzenlebens durch hohe Tierarztrechnungen teuer bezahlen müssen.
Als Grundsatz gilt: **Vielseitig und abwechslungsreich füttern.**
Katzen entwickeln sich gerne zu Nahrungsspezialisten. Wenn Sie Ihrem Vierbeiner immer nur die Lieblingsspeise anbieten, wird er bald nichts anderes mehr anrühren. Die Folge dieser einseitigen Ernährung sind schwerwiegende Mangelerscheinungen. Jeden Tag etwas anderes füttern, und die Katze wird bis ins hohe Alter in Bezug auf das Fressen »flexibel« bleiben.
Industriell vorgefertigtes **Dosenfutter** entspricht in seiner Zusammensetzung sicherlich den Bedürfnissen der Katze. Es ist jedoch denaturierte, sterilisierte Nahrung, künstlich mit Vitaminen angereichert. Durch die weiche Konsistenz des Dosenfutters werden die Katzenzähne nicht abgerieben und es entsteht in kurzer Zeit der gefürchtete Zahnstein. Es ist für die meisten Menschen undenkbar, sich ausschließlich von Konserven zu ernähren. Wir sollten es unseren vierbeinigen Freunden ebenfalls nicht zumuten.
Auch **Trockenfutter** als Hauptnahrung ist vom gesundheitlichen Standpunkt äußert problematisch. Da dem Futter in dieser Form die Feuchtigkeit bis auf 10 % entzogen wurde, müßte die Katze für jedes Gramm Trockenfutter, das sie frißt, mindestens das 3- bis 4-fache an Wasser trinken.
Auch wenn immer frisches Trinkwasser in ausreichender Menge zur Verfügung steht, nehmen viele Katzen nicht genügend Flüssigkeit auf, um diesen großen Bedarf zu decken. Mangelnde Flüssigkeitszufuhr führt jedoch zu stark konzentriertem Harn. Wie inzwischen festgestellt wurde, ist das eine wesentliche Ursache für das Entstehen von Harngries und Harnsteinen bei Katzen.
Um es nochmals zu betonen: Die natürliche Nahrung der Katze sind Beutetiere wie Mäuse oder Vögel. Sie bestehen in der Regel zu 70–80 % aus Wasser. Wie kann man angesichts dieser Tatsache Trockenfutter als Haupt-

nahrungsquelle empfehlen? Füttern Sie Ihre Katze mit frischen, möglichst naturbelassenen Produkten.
Die Zusammensetzung einer Katzenration sollte dabei weitgehend der eines Beutetieres entsprechen:
- etwa 3/4 Eiweißträger (Fleisch, Milchprodukte, Fisch, Eier) und
- 1/4 leicht verdauliche Kohlenhydrate (gekochter Reis, gekochte Kartoffeln, aufgeschlossene Katzenflocken, Cornflakes).

Damit Ihre Katze Dosenfutter nicht ganz ablehnt, sollten Sie einmal pro Woche auch mal eine Dose anbieten. In den meisten Tierkliniken wird der Einfachheit halber Dosennahrung verfüttert. Man kann ja nicht wissen, ob im langen Katzenleben nicht doch einmal ein Klinikaufenthalt nötig wird.

Der Tierarztbesuch

Niemand geht gerne zum Arzt, auch Katzen nicht. Dennoch ist es falschverstandene Tierliebe, nur aus Rücksicht auf ein besonders ängstliches Kätzchen den notwendigen Tierarztbesuch hinauszuzögern. Wertvolle Zeit bis zum Beginn der Behandlung verstreicht; Zeit, die unter Umständen über Erfolg oder Nichterfolg einer Therapie entscheiden kann.

Die Behandlung einer kranken Katze ist in der Tierarztpraxis effektiver als bei einem Hausbesuch durchzuführen.

Bestehen Sie bitte nicht auf einen Hausbesuch, wenn Ihr Tierarzt es nicht für richtig hält. Meist sind schon die Lichtverhältnisse in einer Privatwohnung für eine gründliche Untersuchung nicht ausreichend. Viele Diagnosetechniken (z.B. Röntgen und Endoskopie) können nur in der tierärztlichen Praxis durchgeführt werden. Wenn beim Hausbesuch eine ernste Erkrankung festgestellt wird, muß das Tier sowieso zu einer eingehenderen Untersuchung in die Praxis. Machen Sie daher am besten gleich »Nägel mit Köpfen« und bringen Sie den Patienten in die Praxis, damit keine Zeit bis zum Beginn der Therapie verlorengeht.

Der Transport zum Tierarzt

Am einfachsten läßt sich der kleine Patient in einem leichten Behälter transportieren, der luftdurchlässig, bequem und sicher verschließbar ist. Der Zoofachhandel bietet Transportkörbe und Kisten in den unterschiedlichsten Formen an. Am geeignesten sind Transportkisten aus Plastik oder Metall, da sie sich im Gegensatz zu den recht unhygienischen geflochtenen Körben gut reinigen und desinfizieren lassen. Achten Sie bei der Form des Behälters darauf, daß die Katze von oben herausgenommen werden kann. Das geht vor allem bei sehr widerspenstigen Vierbeinern besser, als das oft langwierige und für die hereingreifenden Hände nicht ganz ungefährliche »Herausziehen« des Tieres aus einem seitlichen Ausgang. Ebenso geeignet sind Transportkisten mit herausschiebbarem Boden. Auch hier sind keine großen Zwangsmaßnahmen erforderlich, um die Katze herauszunehmen.

Legen Sie den Behälter mit saugfähigem oder waschbarem Material (Küchentücher oder Handtücher) aus. Viele, vor allem reine Wohnungskatzen koten oder urinieren vor Aufregung und Angst während des Transportes. Im Winter muß der Patient durch eine warme Decke oder, bei längeren Transporten, mit einer Wärmflasche vor Kälte geschützt werden. Im Sommer sollten Sie bei hohen Temperaturen ein nasses Handtuch mit in den Behälter legen, um einer Überhitzung entgegenzuwirken.

Transportkörbe aus Plastik und Metall (links) sind besser geeignet als die unhygienischen Katzenkörbe.

In der Tierarztpraxis

Vermeiden Sie jeden Kontakt (z.B. Streicheln) mit anderen Tieren im Wartezimmer der Tierarztpraxis. Lassen Sie Ihre Katze nicht im Wartezimmer herumlaufen oder mit Artgenossen spielen. Vierbeiner, die zum Tierarzt kommen, sind in der Regel krank. **Es besteht Ansteckungsgefahr!** Versuchen Sie möglichst ruhig auf den kleinen Patienten einzuwirken. Hektik, schnelle ruckartige Bewegungen und laute Stimmen können eine Katze so in Panik versetzen, daß eine Untersuchung nicht mehr möglich ist. Nicht nur Katzen sind beim Tierarzt aufgeregt. Auch Frauchen und Herrchen befinden sich in einem Ausnahmezustand. Mitleid und Sorge um den kranken Vierbeiner lassen sie oft die wichtigsten Informationen vergessen.
Für den Tierarzt ist jedoch ein exakter Vorbericht sehr hilfreich. Machen Sie sich daher zu Hause Notizen und nehmen Sie diese schriftlichen Aufzeichnungen mit in die Praxis. Wichtige Details, die für eine Diagnose und eine erfolgreiche Therapie von Bedeutung sind, gehen damit nicht verloren.

Vermeiden Sie Kontakte zu anderen Tieren im Wartezimmer. Es besteht Ansteckungsgefahr.

KRANKEN- UND KÖRPERPFLEGE

▶ Tabletteneingabe

Für die direkte Eingabe einer Tablette sollte man zu zweit sein. Eine Person hält den Patienten fest, während die zweite ihre linke Hand um den Kopf des Tieres legt. Dabei sollte die Handfläche die Ohren vollständig bedecken, die Fingerspitzen von Daumen und Zeigefinger sollten rechts und links an den Mundwinkeln der Katze liegen. Bewegen Sie den Kopf der Katze mit leichtem Druck nach oben (zur Zimmerdecke). Dabei öffnet sich der Mund des Patienten automatisch. Nehmen Sie die Tablette zwischen Mittelfinger und Daumen der rechten Hand. Mit dem Mittelfinger der rechten Hand drücken Sie den Unterkiefer vorsichtig nach unten und öffnen die Mundhöhle damit so weit, daß Sie die Tablette problemlos tief im Rachen der Katze deponieren können. Anschließend halten Sie den Mund der Katze solange mit der Hand geschlossen, bis diese die Tablette heruntergeschluckt hat. Sie können den Schluckreflex auslösen, indem Sie etwas Wasser auf die Schnauze träufeln. Wenn das Tier, dadurch angeregt, mit der Zunge über die Schnauze leckt, wird gleichzeitig die Tablette abgeschluckt.
Bei besonders widerspenstigen Patienten kann man Medikamente auch mit dem Futter verabreichen. Zerkleinern Sie die Tablette und mischen Sie das Pulver unter eine nur kleine Menge Lieblingsfutter. Erst wenn das präparierte Futter gefressen wurde, darf die übliche Ration gefüttert werden.

Zur Eingabe von Tabletten bedarf es der richtigen Technik.

Katzen, die kein Futter mehr aufnehmen, jedoch die Körperpflege noch nicht vernachlässigen, kann man eine zerkleinerte Tablette mit Leberwurst oder Vitaminpaste gemischt auf die Lippen oder die Pfote streichen. Die reinlichen Tiere putzen sich wieder sauber und nehmen damit das verordnete Medikament auf.
Ist die Katze so krank, daß sie sich nicht mehr putzt, kann das Medikament in Wasser aufgelöst, mit einer 2-ml-Spritze auch direkt in die Mundhöhle eingegeben werden.

▶ Eingabe von Flüssigkeiten

Flüssige Nahrung oder flüssige Medikamente werden, wenn sie nicht freiwillig angenommen werden, mit Hilfe einer 2-ml-Plastikspritze (ohne Nadel) schluckweise in die Mundhöhle eingegeben. Dazu wird der Kopf der Katze nach oben (zur Zimmerdecke) gedreht. Damit die Mundhöhle geschlossen bleibt, wird der Unterkiefer leicht an den Oberkiefer gedrückt. Nur die Lippen werden mit dem Daumen der linken Hand nach oben geschoben und die Flüssigkeit in die Lücke hinter dem obereren Eckzahn eingegeben.

▶ Inhalieren

Bei akuten und chronischen Infektionen der Atemwege hat sich ein Kamillendampfbad bewährt. Dazu setzt man die Katze am besten in einen geschlossenen Katzenkorb und stellt eine Schüssel dampfenden Kamillentee vor die Eingangstür. Mit einem Tuch fächeln Sie den Dampf in den Korb, damit ihn das Tier einatmen kann. Verwenden Sie niemals ätherische Öle für das Dampfbad. Katzen können darauf sehr empfindlich reagieren, mit Kehlkopfkrämpfen und Erstickungsanfällen.

KRANKEN- UND KÖRPERPFLEGE

► Rotlichtbestrahlung

Rotlichtbestrahlungen von 10 Minuten pro Tag können bei bereits ausgebrochenen Atemwegserkrankungen und als Vorbeugung gegen Erkältungen bei gesunden Tieren in der kalten Jahreszeit angewandt werden. Nehmen Sie dazu Ihre Katze auf den Schoß und bestrahlen Sie das Tier in einem Abstand von etwa 50 m. Ein besonderer Schutz der Augen ist nicht erforderlich. Die wärmeliebenden Katzen lassen sich das in der Regel gerne gefallen. Achten Sie jedoch darauf, daß nur fieberfreie Tiere bestrahlt werden dürfen. Bei Fieber könnte die Wärmezufuhr mit Rotlicht zu einem gefährlichen Hitzestau führen.

► Liebevolle Unterstützung der Körperpflege

Katzen sind sehr reinliche Tiere. Sie leiden darunter, in ihren Ausscheidungen liegen zu müssen. Mit Kot, Urin oder Essensresten verklebtes Fell ist ihnen ein Greuel. Bei einer kranken Katze, die sich nicht mehr selbst pflegen kann, sollten Sie auf die Körperpflege ganz besonders achten. Wechseln Sie die Unterlage, auf der die Katze liegt, sobald sie verschmutzt ist. Körperöffnungen sollten immer wieder auf Verschmutzungen und Verklebungen kontrolliert werden.
Zusätzlich zu der Reinigung von Schmutz und Ausscheidungen, hat sich die »psychologische Körperpflege« bei kranken Katzen sehr bewährt. Nehmen Sie dazu einen Wattebausch oder einen weichen Stoff und tränken Sie diesen mit lauwarmem Wasser. Drücken Sie ihn leicht aus, damit er nicht zu naß ist.
Damit führen sie vom Kopf ausgehend leichte Streichbewegungen, ähnlich wie die Katze mit ihrer Zunge, über das Fell aus. Sie werden sofort das Wohlbehagen bei Ihrem kleinen Patienten spüren. Dieser Liebesdienst, einmal oder auch mehrmals pro Tag angewandt, weckt die Lebensgeister und unterstützt den Genesungsprozeß.

► Fellpflege

Eine gesunde Kurzhaarkatze braucht weder gebürstet noch gebadet zu werden. Anders ist das bei Langhaarkatzen. Damit das Fell nicht verfilzt, sollten Sie es mindestens einmal, besser zweimal am Tag gut durchbürsten. Gewöhnen Sie schon das Katzenbaby an diese täglich wiederkehrende Prozedur, damit es später keine Probleme mit einer allzu widerspenstigen Katze gibt.
Es ist gar nicht so selten, daß Perserkatzen zum Bürsten und Ausscheren des total verfilzten Fells in Narkose gelegt werden müssen. Da Narkosen den Organismus belasten, kann man nicht jedesmal, wenn das Fell verfilzt, solche Maßnahmen ergreifen.
Besser ist es, wenn eine Katze tägliche Körperpflege mit der

Kranke Katzen, die sich nicht selbst putzen können, nehmen die liebevolle Körperpflege mit einem feuchten Tuch gerne an.

KRANKEN- UND KÖRPERPFLEGE

Bürste genießt. Dazu sollte sie schon als kleines Kätzchen erfahren, wie wohltuend eine von Frauchen liebevoll durchgeführte Bürstenmassage ist.
Baden Sie Ihre Katze nur im äußersten Notfall, d.h. wenn z.B. das Fell mit giftigen Substanzen in Berührung gekommen ist. Schampoos und Seifen zerstören zum einen den natürlichen Schutzmantel der Haut gegenüber Bakterien und Pilzen, wodurch Hauterkrankungen Tür und Tor geöffnet werden. Zum anderen enthalten sie häufig den Wirkstoff Hexachlorophen, der von Katzen durch die Haut aufgenommen wird und Gesundheitsschäden verursacht (siehe S. 105: Vergiftungen).
Eine Katze ist sehr reinlich und beseitigt Verschmutzungen im Fell durch ausgiebiges Putzen selbst. Giftige, im Fell haftende Substanzen sollten daher gründlich mit klarem Wasser ausgespült werden.
Bei Durchfall kann das Fell von Langhaarkatzen um den After und an den Hinterbeinen mit Kot verschmiert sein. Auch hier sollten Sie eingreifen. Um zu verhindern, daß die Tiere durch Putzen den bakterienhaltigen Kot aufnehmen und sich dadurch erneut infizieren, empfiehlt es sich, ihnen ausnahmsweise bei der Körperpflege behilflich zu sein. Verwenden Sie auch hier zum Auswaschen des Fells lauwarmes Wasser ohne jeglichen Seifenzusatz.

▶ Augenkompresse

Verklebte Augen sollten Sie durch eine Augenkompresse säubern. Ein Wattebausch mit sehr warmem Wasser getränkt wird dazu auf das erkrankte Auge gedrückt und ca. 1 Minute dort belassen. Das Wasser sollte so heiß sein, daß Sie es beim Prüfen der Temperatur auf Ihrem Handrücken gerade noch ertragen können. Drücken Sie den Wattebausch leicht aus, bevor Sie ihn verwenden, damit nicht soviel Wasser in das Auge fließt. Durch die Wärme wird die Augenbindehaut gut durchblutet, Sekretreste lösen sich leichter ab.
Wird eine vom Tierarzt verordnete Augensalbe direkt nach der Kompresse angewandt, kann der Wirkstoff besser aufgenommen werden.

Die Wärme der heißen Kompresse führt zur Durchblutung der erkrankten Bindehaut.

Überprüfen der richtigen Temperatur einer Augenkompresse am Handrücken.

KRANKEN- UND KÖRPERPFLEGE

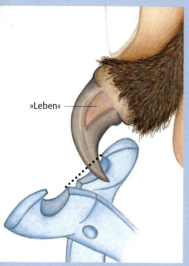

»Leben«

Beim Krallenschneiden sollte die ursprüngliche Form der Krallen erhalten werden.

➤ Krallen

Bei einer gesunden, lebhaften Katze, die entweder freien Auslauf oder zumindest in der Wohnung Gelegenheit zum Klettern und Schärfen ihrer Krallen hat, bedarf es keiner speziellen Krallenpflege. Lediglich bei älteren oder behinderten Tieren können die Krallen so lang werden, daß die Katzen damit am Teppich hängenbleiben. Manchmal können sich vor allem die Daumenkrallen so verbiegen, daß sie der Katze in die Ballen hineinwachsen, wodurch schmerzhafte Wunden entstehen.
Beim Kürzen überlanger oder in die Ballen eingewachsener Krallen sollten Sie darauf achten, die natürliche Form der Krallen zu erhalten. Die Spitzen müssen etwas nach unten zeigen. An hellen unpigmentierten Krallen erkennen Sie die Blutgefäße recht gut. Die empfindlichen Krallennerven gehen sogar noch etwa 1 mm über die Blutgefäße hinaus. Schneiden Sie niemals »ins Leben«. Es entstehen sonst unangenehme Blutungen und außerdem tut es der Katze recht weh. Sie wird sich sicherlich nicht ein zweites Mal vertrauensvoll von Ihnen die Krallen schneiden lassen, wenn die Behandlung einmal schmerzhaft war.
Wenn jedoch trotz aller Vorsicht eine Kralle bluten sollte, verlieren Sie bitte nicht die Nerven. Durch festen Druck auf das verletzte Gefäß mit einem in Eisen-III-Chlorid-Lösung getränkten Wattebausch wird die Blutung schnell zum Stillstand kommen. Eisen-III-Chlorid-Lösung oder blutstillende Watte erhalten Sie in jeder Apotheke. Wunden in den Ballen, die durch eingewachsene Krallen entstanden sind, werden mit einem Desinfektionsmittel getupft.
Übrigens: Die operative Entfernung der Krallen ist eine grausame Verstümmelung und deshalb auch in Deutschland dank des Tierschutzgesetzes verboten.

➤ Ohren

Grundsätzlich gilt: **Gesunde Katzenohren reinigen sich selbst!**
Normalerweise sind Katzenohren ganz sauber und sollten niemals mit Wattestäbchen oder sonstigen Instrumenten traktiert werden. Ohrenschmalz, der sich in jedem gesunden Ohr als Schutz bildet, wird sonst tief nach unten gedrückt, wo er als fester Pfropf einen guten Nährboden für Bakterien abgibt.
Wenn sich in der Ohrmuschel jedoch dunkler, krümeliger oder sogar schmieriger und übelriechender Ohrenschmalz sammelt, besteht Verdacht auf eine Infektion mit Milben, Bakterien oder Pilzen. Ein Tierarztbesuch ist dann unbedingt erforderlich, um die genaue Ursache abzuklären. Als weitere Behandlung muß dann zu Hause über mehrere Tage (meistens 7–8 Tage) ein Präparat in die erkrankten Ohren

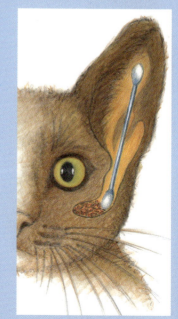

Verwenden Sie **niemals** Ohrstäbchen am Ohr. Durch die anatomische Form des Katzenohrs würde lediglich Ohrenschmalz in die Tiefe gedrückt werden.

KRANKEN- UND KÖRPERPFLEGE

eingebracht werden. Da der Gehörgang bei Katzen relativ groß und gebogen ist, sollte immer soviel des vom Tierarzt verordneten Medikamentes eingebracht werden, daß das Ohr richtig »überläuft«. Nur so kann man sicher sein, daß der gesamte Gehörgang mit dem Medikament benetzt ist und für die Krankheitserreger keine auch noch so kleine unbehandelte Nische übrigbleibt. Die aus dem Ohr herauslaufende überschüssige Flüssigkeit oder Salbe kann man dann mit einem Wattebausch oder weichem Tuch abwischen.

1
Das Medikament sollte großzügig (bis zum Überlaufen) in das Ohr eingefüllt werden.

2
Durch Massage der Ohrmuschel wird das Medikament im Ohr verteilt.

3 Mit einem weichen Tuch kann der Überstand weggewischt werden.

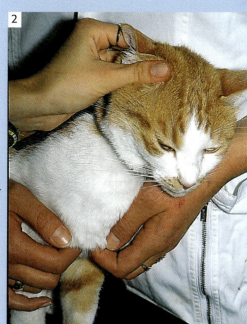

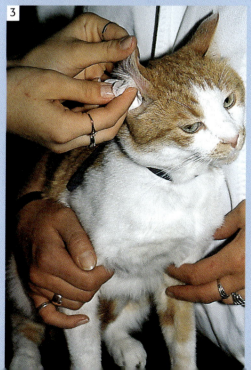

VIRUSERKRANKUNGEN

Katzenseuche

➤ Erreger

Die medizinische Fachsprache hat zwei Bezichnungen für diese hochansteckende Seuche: **Feline Parvovirose**, nach dem Erreger der Erkrankung, einem Parvovirus, **Panleukopenie**, was soviel wie Verminderung der weißen Blutkörperchen bedeutet und ein Symptom der Krankheit beschreibt.

Der Erreger der Katzenseuche ist ein Parvovirus. Dieses Virus ist sehr widerstandsfähig und bleibt bei Zimmertemperatur in Wohnungen bis zu 1 Jahr infektionstüchtig. Zur Desinfektion verseuchter Räume und Gegenstände reichen handelsübliche Haushaltsdesinfektionsmittel nicht aus. Wirksamere Präparate zur Flächendesinfektion erhalten Sie bei Ihrem Tierarzt.

➤ Ansteckung

Die Infektion wird direkt von Katze zu Katze, aber auch über Gegenstände wie z.B. Transportkörbe, Spielzeug, Futter- und Wasserschüsselchen übertragen. Auch der Mensch kann mit der Kleidung und den Schuhen das gefährliche Virus ins Haus schleppen. Damit sind auch reine Wohnungskatzen ohne direkten Kontakt zu Artgenossen gefährdet.

➤ Verlauf

Die Inkubationszeit, also die Zeit, die von der Ansteckung bis zum Ausbruch der Krankheit vergeht, beträgt 1–2 Wochen. Die ersten Anzeichen sind Müdigkeit, Appetitlosigkeit und hohes Fieber bis 41°C.

Während der ersten beiden Krankheitstage erbrechen die Kätzchen sehr viel; ihnen ist sichtbar übel. Danach setzen zunächst wässerige und später blutige Durchfälle ein. Durch das Erbrechen und die fast unstillbaren Durchfälle verlieren die kleinen Patienten sehr viel Flüssigkeit. Sie trocknen aus.

Dadurch werden das Kreislaufsystem und die Nieren stark in Mitleidenschaft gezogen. Es besteht Schockgefahr!

Neben der Schädigung des Dünndarms, die sich durch die beschriebenen Durchfälle zeigt, verhindert das Virus auch die Bildung von weißen Blutkörperchen im Knochenmark. Die weißen Blutkörperchen (Leukozyten) sind unter anderm für die körpereigene Abwehr gegen Bakterien und andere Krankheitserreger verantwortlich. Bei der Katzenseuche sind zuwenig Leukozyten im Blut. Die Folge davon ist Abwehrschwäche.

Krankmachende Keime wie Bakterien und Viren können sich nun ungehindert vermehren. 80–100 % der an Katzenseuche erkrankten Kätzchen sterben am akuten Kreislaufversagen (Schock) aufgrund Austrocknung oder bakteriellen Zusatzinfektionen, wenn keine geeignete Behandlung erfolgt.

Leitsymptome der Katzenseuche
Fieber
Erbrechen
blutige Durchfälle
Vermehrung der weißen Blutkörperchen
Geburt behinderter Katzenbabys

Infiziert sich eine **trächtige** Katze mit dem Katzenseuchen-Virus, so kommt es zu Aborten, Totgeburten oder zur Geburt behinderter Kätzchen. Das Virus dringt über die Plazenta in die ungeborene Frucht und behindert die Entwicklung des Kleinhirns. Die Welpen werden mit einem unterentwickelten Kleinhirn geboren. Da das Kleinhirn hauptsächlich für Gleichgewicht und Koordination verantwortlich ist, sind die Bewegungen der kleinen behinderten Kätzchen unkoordiniert, tapsig und stolpernd. Der Kopf pendelt nicht selten hin und her, wodurch die Futter- und Wasseraufnahme gestört, wenn nicht sogar unmöglich ist. Die Intelligenz der Tiere ist dabei voll erhalten. Ist die Behinderung nicht zu stark ausgeprägt, können die Katzen überleben und, durch ein verständnisvolles Frauchen unterstützt, lernen damit umzugehen. Wenn jedoch ein kleinhirngeschädigtes Kätzchen nicht in der Lage ist, allein zu fressen, so sollte man den Tierarzt bitten, es einzuschläfern, um es vor einem grausamen Hungertod zu bewahren.

VIRUSERKRANKUNGEN 27

➤ Tierärztliche Behandlung

Die Behandlung der Katzenseuche besteht zunächst in der Zufuhr von Flüssigkeit. Am Anfang sind Infusionen nötig. Später kann der Wasserverlust durch Eingeben von Elektrolytlösungen ausgeglichen werden. Der Tierarzt wird der Katze neben Infusionen auch Antibiotika, schmerz- und krampflösende Mittel, Medikamente gegen Erbrechen und vieles mehr verabreichen müssen.

➤ Häusliche Pflege

Um überleben zu können, braucht das Tier intensive Betreuung rund um die Uhr. Sind Sie berufstätig, sollten Sie sich Urlaub nehmen. Ist das nicht möglich, muß die Katze in eine Tierklinik. Sie hat sonst keine Chance. Das geschwächte Tier ist meist nicht mehr in der Lage, aus eigener Kraft die Katzentoilette aufzusuchen. Verwenden Sie daher Einmalunterlagen, um Verschmutzungen der Wohnung durch den starken Durchfall zu verhindern. Sobald sie mit Kot oder Urin verschmutzt sind, müssen sie ausgewechselt und die Katze gesäubert werden. Die reinlichen Tiere leiden sehr darunter, in ihren Ausscheidungen liegen zu müssen. Eine liebevolle Betreuung ist lebensrettend. Katzen geben sich erfahrungsgemäß schnell auf und sterben, wenn sie sich alleingelassen fühlen.

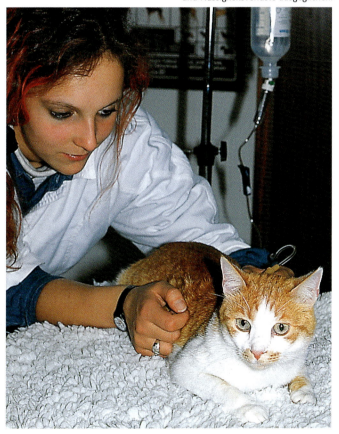

Durch Infusionen werden der Kreislauf der kranken Katze unterstützt und Flüssigkeitsverluste ausgeglichen.

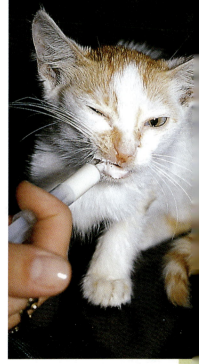

Mit einer Einmalspritze können Flüssigkeiten schluckweise eingegeben werden.

Geben Sie der kranken Katze, bis sie wieder alleine trinken kann, jede Stunde (nachts alle 2–3 Stunden) mit einer 5-ml-Einmalspritze (ohne Nadel) Flüssigkeit ein. Dazu eignen sich Elektrolytlösungen, die Sie beim Tierarzt oder in der Apotheke erhalten. Spritzen Sie die Flüssigkeit (etwa 4 Spritzen pro Stunde) in kleinen Portionen seitlich hinter dem Eckzahn in den Mund. Das geht ganz einfach, indem Sie die Lippen des Tieres etwas anheben. Lassen Sie dem Patienten Zeit, zwischen jeder Gabe zu schlucken und sich etwas auszuruhen.

Nach etwa 24–48 Stunden können Sie langsam mit der Zufuhr von Nahrung beginnen.
Dazu haben sich Reisflocken, mit Wasser und einem Suppenwürfel gekocht (ähnlich wie Haferschleim), gut bewährt. Der Reisschleim muß so flüssig sein, daß er mit der Spritze in die Mundhöhle der Katze gegeben werden kann. Geben Sie dem Tier etwa 2 Spritzen pro Mahlzeit (= 10 ml pro Stunde), bis es wieder alleine Nahrung aufnehmen kann. Verwenden Sie keine Haferflocken. Sie sind zu rohfaserreich und bewirken eine starke Bakterienvermehrung im geschädigten Darm.
Wenn der kleine Patient wieder alleine fressen kann, ersetzen Sie den Reisschleim durch weichgekochten, geschälten Reis, vermischt mit Hüttenkäse. Auch Babynahrung in Gläschen kann verwendet werden. Beim Tierarzt können Sie Diätnahrung für Darmerkrankungen oder spezielle Astronautenkost kaufen. Die Diät sollte mindestens 2 Wochen durchgehalten werden. Solange braucht der Darm, um sich wieder zu regenerieren.

> **Vorbeugung**

Vorbeugen ist besser als Heilen. Gegen Katzenseuche sollte daher jede Katze geimpft sein.
Die Grundimmunisierung besteht aus **2 Impfungen** im Abstand von 3–4 Wochen. Katzenkinder können ab der 8. Lebenswoche erstmals geimpft werden. Nach der Grundimmunisierung muß die Schutzimpfung, je nach Impfstofftyp, jährlich oder alle 2 Jahre aufgefrischt werden.

Gefahr für den Menschen
– Keine –

Katzenschnupfen

> **Erreger**

Der Katzenschnupfen ist zunächst eine Viruserkrankung. Die entzündlichen Veränderungen der Atemwege und der Mund-

Naturheilkunde

Die Katzenseuche ist eine Viruserkrankung. Es gibt keine Medikamente, um den Erreger abzutöten. Der Tierarzt hat nur die Möglichkeit, die Symptome (Erbrechen, Durchfall, Schmerzen, Austrocknung, Schock) zu behandeln und durch Antibiotika-Gaben eine Zusatzinfektion mit Bakterien zu verhindern. Mit dem Parvovirus selbst muß der Körper des kleinen Patienten fertigwerden. Mit Präparaten und Anwendungen aus der Naturheilkunde alleine kann man eine Katzenseuche nicht heilen. Wer das versucht, handelt fahrlässig und setzt das Leben seiner Katze aufs Spiel. Die Naturheilkunde leistet jedoch unschätzbare Dienste bei der Unterstützung der Schulmedizin gegen die oft tötlich verlaufende Katzenseuche.
Der in der Heidelbeere vorkommende blaue Farbstoff (Myrtillin) wird in der Naturheilkunde als antibakterielles Mittel bei Durchfallerkrankungen verwendet. Mit Eindringen des Farbstoffes in die Bakterien wird deren Wachstum und Vitalität gehemmt.
Heidelbeerabsud, zubereitet aus getrockneten Heidelbeerfrüchten, eignet sich daher hervorragend, bakterielle Zusatzinfektionen im virusgeschädigten Darm der Katze zu unterbinden. Die in der Heidelbeere enthaltene Gerbsäure wirkt beruhigend auf die Darmschleimhaut und verringert die übersteigerte Sekretion von Flüssigkeit.
Die getrockneten Früchte – Sie erhalten Sie im Reformhaus oder in der Apotheke – werden etwa 10 Minuten gekocht.
Es entsteht ein starker Heidelbeerabsud, der abgekühlt dem kleinen Patienten mit einer Einmalspritze eingegeben wird.
Über den Tag verteilt erhält die kranke Katze ca. 4–5 Spritzen à 5 ml.
Sobald die Katze wieder feste Nahrung zu sich nehmen kann, wird die Heidelbeerabkochung in Quark vermischt verfüttert.

VIRUSERKRANKUNGEN

schleimhaut sind Folgen einer Calici-, Reo- oder Herpesvirus-Infektion. Aber auch Mycoplasmen oder Chlamydien (das sind Zwischenformen zwischen Bakterien und Viren) werden zuweilen als Verursacher beobachtet. Die schweren Verlaufsformen der Erkrankung gehen jedoch auf das Konto von Calici- und Herpesviren. Gegen diese beiden gefährlichen Krankheitserreger und gegen Chlamydien kann man heute impfen.

Zusätzlich spielen Bakterien als sogenannte Sekundärerreger (Zweiterreger) eine große Rolle im Krankheitsgeschehen. Oft sind es Eiterbakterien wie z.B. Staphylokokken, Streptokokken und Pneumokokken, die sich auf der vorgeschädigten Schleimhaut anheften und den Verlauf der Viruserkrankung komplizieren.

▶ Ansteckung

Die Ansteckung erfolgt durch direkten Kontakt von Katze zu Katze oder indirekt über Gegenstände wie Futterschüsselchen, Transportkörbe oder Spielzeug. Auch der Mensch kann die Erreger des Katzenschnupfens mit Schuhen und Kleidung in die Wohnung einschleppen. Aus diesem Grund sollten auch reine Wohnungskatzen konsequent gegen Katzenschnupfen geimpft werden.

▶ Verlauf

Der Katzenschnupfen (Rhinitis) beginnt meist als akuter Katarrh mit Niesen und Nasenausfluß.

Vielfach bestehen gleichzeitg ein- oder beidseitige Entzündungen der Augenbindehäute. In den Augenwinkeln findet man vor allem morgens eingetrocknete Sekretreste, auch »Sandmännchen« genannt. Nasen- und Augenausfluß sind zu Beginn der Erkrankung in der Regel wässerig und klar, was auf eine Viruserkrankung schließen läßt. Oft aber setzen sich schon nach kurzer Zeit auf der durch Viren vorgeschädigten Schleimhaut des Atemtraktes Bakterien fest und verschlimmern das Krankheitsbild. Der Nasenausfluß wird schleimig-eitrig und verstopft die Atemwege des kleinen Patienten. Da die Tiere sich nicht wie Menschen schneuzen können, leiden sie oft unter schwerer Atemnot. Sie sind matt und teilnahmslos und haben keinen Appetit. Häufig besteht Fieber.

In manchen Fällen, wenn die Infektion durch ein Herpesvirus ausgelöst wird, ist die Mundschleimhaut mitbetroffen. Schmerzhafte Bläschen und Geschwüre auf der Zunge, am Zahnfleisch und im Gaumen sind neben der verstopften Nase Grund genug für die erkrankten Kätzchen, jegliches Fressen und **Trinken** zu verweigern. Und darin liegt die große Gefahr der Katzenschnupfen-Infektion. Schon nach wenigen Tagen kann es zur Austrocknung der Tiere und in der Folge zum Kreislaufversagen sowie Tod durch Entkräftung kommen.

Leitsymptome des Katzenschnupfens
Nasenausfluß
Bindehautentzündung
Geschwüre auf der Mundschleimhaut

Zum Glück verläuft die Infektion nicht immer so dramatisch. Je nach Lage der körpereigenen Abwehr kann der Katzenschnupfen auch von selbst abheilen. Aber gar nicht so selten treten Komplikationen auf, wobei sich die Erkrankung auf Bronchien und Lungen ausdehnt.

Erste Warnzeichen für die Beteiligung der tieferen Atemwege und die Gefahr der Entstehung einer schweren Lungenentzündung sind Husten und rasselnde Atemgeräusche. Aber so lange darf man natürlich nicht warten.

Schon bei den ersten Anzeichen eines Katzenschnupfens sollten Sie einen Tierarzt aufsuchen, um durch geeignete Therapiemaßnahmen Komplikationen vorzubeugen.

Übrigens kann ein verschleppter oder nicht konsequent behandelter Katzenschnupfen auch chronisch werden. Ständige Augenentzündungen, eine verstopfte Nase sowie Nasenausfluß stören dann die Lebensfreude der betroffenen Kätzchen ganz erheblich. Ein chronischer Katzenschnupfen ist schwierig zu behandeln.

VIRUSERKRANKUNGEN

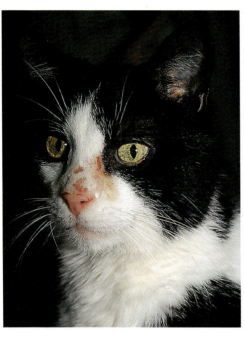

Entzündungen und Verstopfung der oberen Luftwege behindern die Atmung.

> **Tierärztliche Behandlung**

Die Grundbehandlung des Katzenschnupfens gehört in die Hand des Tierarztes. Durch geeignete Präparate wird er zunächst versuchen, die körpereigenen Abwehrkräfte der Katze gegen Viren zu mobilisieren. Der Einsatz von Antibiotika ist notwendig, um der gefährlichen Sekundärinfektion mit Bakterien entgegenzuwirken. Wenn die kleinen Patienten kein Futter und Wasser aufnehmen, sind Infusionen oder Zwangsernährung erforderlich.

> **Häusliche Pflege**

Besonders wichtig ist die häusliche Pflege des Katzenschnupfen-Patienten. Nur in den Fällen, in denen akute Lebensgefahr besteht, empfiehlt es sich, eine Katze für kurze Zeit in eine Klinik zu geben. Erfahrungsgemäß geben sich kranke Katzen sehr schnell auf, wenn sie sich von ihrem Besitzer verlassen fühlen. Zu Hause in der vertrauten Umgebung gesunden die Tiere schneller. Voraussetzung ist allerdings eine kompetente und liebevolle Pflege.

Katzen lieben es bekanntlich warm. Eine an Katzenschnupfen erkrankte Katze braucht Wärme, um gesund zu werden. Wenn Sie nicht gerade eine Wohnung mit Fußbodenheizung haben, sollten Sie Ihrem Patienten eine Heizdecke, ein Heizkissen oder zumindest eine Wärmflasche zur Verfügung stellen. Zweimal am Tag 10 Minuten Bestrahlung mit Infrarotlicht läßt sich jede Katze auf dem Schoß von Frauchen oder Herrchen gefallen. Es dürfen jedoch nur fieberfreie Tiere mit Infrarotlicht bestrahlt werden. Für den Transport zum Tierarzt muß die Katze, vor allem in der kalten Jahreszeit, gut in eine Decke eingepackt werden, damit sie nicht auskühlt. Für längere Transporte geben Sie eine Wärmflasche mit in den Transportbehälter.

Achten Sie darauf, daß bei dem Katzenschnupfen-Patienten die Nasenöffnungen immer frei bleiben. Verkrustungen können Sie mit einem in warmem Wasser getränkten Wattebausch vorsichtig entfernen. Lassen Sie das Tier einmal am Tag inhalieren. Dadurch wird die verstopfte Nase frei und die Katze kann wieder besser durchatmen. Setzen Sie den Patienten dazu am besten in einen verschließbaren Katzenkorb und stellen Sie heißen, dampfenden Kamillenaufguß in einer Schüssel vor das Türchen des Korbes. Leiten Sie den Dampf mit einem Handtuch in den Korb, so daß er von der Katze eingeatmet wird. Reden Sie dabei beruhigend auf das Tier ein, damit es nicht in Panik gerät. Verwenden Sie **nur** Kamillenaufguß!

Andere Mittel, z.B. ätherische Öle, führen bei Katzen häufig zu einem Stimmritzenkrampf, woran sie ersticken können. Verweigert die Katze Nahrungs- und Flüssigkeitsaufnahme, so müssen Sie sie zwangsweise füttern. Dazu eignen sich Babynahrung in Gläschen, eine Hühnerbrühe mit Ei oder eine andere, beim Tierarzt erhältliche Astronautenkost, die der Katze mit einer Spritze (ohne Nadel) schluckweise in den Mund gegeben wird. Die Zwangs-

VIRUSERKRANKUNGEN

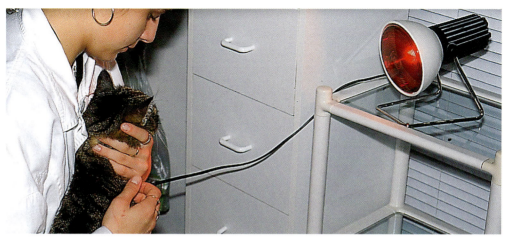

Zweimal täglich 10 Minuten Rotlichtbestrahlung zur Behandlung und Vorbeugung des Katzenschnupfens.

ernährung muß solange fortgesetzt werden, bis der Patient wieder selbständig fressen kann.

▶ Vorbeugung

Gegen Katzenschnupfen gibt es eine Impfung. Nach einer zweimaligen Grundimmunisierung im Abstand von 3–4 Wochen muß der Impfschutz jährlich aufgefrischt werden. Eine Impfung schützt nur gegen die Erreger, gegen die geimpft wurde; in diesem Fall gegen Calici- und Herpesviren sowie ggf. gegen Chlamydien. Da für Katzenschnupfen auch andere Erreger verantwortlich sein können, ist es durchaus möglich, daß geimpfte Tiere dennoch an Schnupfen erkranken. Erfahrungsgemäß kommt es jedoch bei geimpften Tieren nur zu milden Verlaufsformen.

Gefahr für den Menschen
– Keine –

Naturheilkunde

Beim Katzenschnupfen gilt es vor allem, die Abwehrkräfte des Körpers zu aktivieren. Besonders bei Infektionen des Atemtraktes hat sich **Vitamin C** bewährt. Katzen sind zwar in der Lage dieses Vitamin selbst in ihrem Körper herzustellen; bei akuten Infektionskrankheiten ist der Bedarf an Vitamin C jedoch erhöht, wodurch eine Zufuhr von außen sinnvoll und heilsam wird.
Da es sich um ein wasserlösliches Vitamin handelt, wird ein eventueller Überschuß mit dem Urin ausgeschieden, so daß keine schädlichen Nebenwirkungen durch Überdosierung zu erwarten sind. Geben Sie der kranken Katze täglich 1/4 Teelöffel Vitamin-C-Pulver (Ascorbinsäure-Pulver) entweder mit dem Futter oder, in Wasser aufgelöst, mit einer Spritze direkt in den Mund.
Um den sauren Geschmack etwas zu neutralisieren können Sie das Vitamin-C-Pulver mit der gleichen Menge Taubenzucker vermischen.
Roter Sonnenhut *(Echinacea purpurea)* besitzt neben der steigernden Wirkung auf das körpereigene Abwehrsystem auch eine virushemmende Aktivität. Ein Gesamtextrakt aus dieser Heilpflanze gibt es in Tropfenform in jeder Apotheke und bei Ihrem Tierarzt. Im akuten Stadium des Katzenschnupfens sollten stündlich 1–2 Echinacea-Tropfen dem Tier verabreicht werden. Ab dem 3. Krankheitstag bis zur völligen Genesung reicht die Gabe von 3–4 Tropfen dreimal täglich.
Bei schmerzhaften Mundschleimhautgeschwüren, wie sie bei Herpesvirus-Infektionen auftreten, bringt das Einreiben der Läsionen mit einer Tinktur aus **Blutwurz** *(Potentilla tormentilla)* und **Arnika** Linderung. Nach folgendem Rezept wird der Apotheker die Tinktur für Sie herstellen:
Rp.
Tinct. Tormentillae
Tinct. Arnicae   aa 20,0
Tupfen Sie mit dieser Tinktur die Mundschleimhaut des erkrankten Kätzchens (am besten mit einem Q-Tip) zweimal täglich.

Tollwut

➤ Erreger

Der Erreger der Tollwut ist ein Rhabdovirus, das über die Nervenbahnen eines infizierten Tieres zum Gehirn wandert, sich dort vermehrt und über die Speicheldrüsen und damit den Speichel auf andere Tiere und den Menschen übertragen werden kann.

➤ Ansteckung

Der Hauptüberträger der Tollwut in Europa ist der Fuchs. Die Ansteckung erfolgt in der Regel durch den Biß eines tollwütigen Tieres. In seltenen Fällen ist auch eine Ansteckung über offene Wunden bei Kontakt mit infiziertem Speichel möglich. Die Wunden müssen dazu jedoch tief sein. Kleinere Schrammen, wie sie jeder einmal an den Händen hat, sind harmlos. Sie brauchen also keine Angst zu haben, Ihre Katze zu streicheln, wenn sie von einem Ausflug zurückkommt. Selbst wenn sich virushaltiger Speichel eines tollwutkranken Tieres im Fell Ihrer Katze befindet (was an sich schon sehr unwahrscheinlich ist) reicht die Virusmenge für eine Infektion nicht aus.

Tollwut ist keine spezielle Katzenkrankheit. Fast alle Tiere und der Mensch können erkranken. Allerdings ist die Empfänglichkeit der einzelnen Arten verschieden. Hochempfänglich für eine Infektion mit dem Tollwutvirus sind Füchse, Rinder, Ziegen, Pferde, Schafe und Schweine.

Mittelgradig empfänglich sind Hund und Katze. Der Mensch dagegen ist nur wenig empfänglich. Selbst wenn er von einem tollwütigen Tier gebissen wird, muß er nicht zwangsläufig an dieser gefährlichen Seuche erkranken. Selbstverständlich sollte man in einem solchen Fall kein Risiko eingehen und sofort einen Arzt aufsuchen. Es gibt für Menschen eine sofortige Notimpfung, die auch nach einem Biß hilft, den Ausbruch der Tollwut zu verhindern.

➤ Verlauf

Die Inkubationszeit, also die Zeit von der Infektion bis zum Ausbruch der Erkrankung ist bei Tollwut relativ lang – von 4 Wochen bis zu mehreren Monaten. In dieser Zeit treten keine sichtbaren Symptome auf. Die Krankheit selbst kann von ihrem Ausbruch bis zum Tod des Tieres in drei Stadien eingeteilt werden:

Das Stadium der Frühsymptome: Hier werden Wesensveränderungen der infizierten Katze zum ersten Mal sichtbar. Zutrauliche Katzen verkriechen sich scheu in eine Ecke, sind sehr schreckhaft und miauen kläglich. Auch ungewöhnliche Anhänglichkeit sonst scheuer Katzen findet man hin und wieder.

Das Erregungsstadium: 1–2 Tage nach Auftreten der Frühsymptome kommt es zu plötzlicher Aggressivität sowie Anfällen von Raserei ohne erkennbare Ursache.

Hauptträger der Tollwut ist der Fuchs.

VIRUSERKRANKUNGEN

Leitsymptome der Tollwut
Wesensveränderung
Aggressivität bis Raserei ohne erkennbare Ursache
Lähmungen

Das Lähmungsstadium: Lähmungen beginnen meist an den Hintergliedmaßen und breiten sich rasch über den gesamten Körper aus. Der Tod tritt etwa 8 Tage nach Auftreten der Frühsymptome ein.
In manchen Fällen werden die tollwutkranken Tiere nicht aggessiv. Die Lähmungen schließen sich dabei direkt an das Stadium der Frühsymptome an. Man spricht dann von der **stillen Wut**. Bei Katzen herrscht jedoch das klassische Krankheitsbild, auch **rasende Wut** genannt, vor.

▶ Tierärztliche Behandlung

Die Tollwut ist nicht heilbar. Diese gefährliche Seuche führt, wenn sie einmal ausgebrochen ist, immer zum Tode. Die Behandlung tollwütiger Tiere ist aussichtslos und in der Bundesrepublik **gesetzlich verboten**.

▶ Häusliche Pflege

Da Tollwut nicht heilbar ist, stellt sich auch die Frage nach der häuslichen Pflege nicht.
Tollwut ist eine anzeigepflichtige Seuche. Schon bei **Verdacht**, daß eine Infektion mit dem Rhabdovirus vorliegt, schaltet sich der Amtstierarzt ein. Tollwut**kranke** Tiere müssen sofort getötet werden. Besteht der Verdacht, daß Ihre Katze sich mit dem Virus infiziert hat, so entscheidet der Amtstierarzt, ob das Tier getötet wird oder 3 Monate in Quarantäne muß. Meist wird er die Katze einschläfern, da die Einrichtungen für eine Quarantäneunterbringung fehlen.
Tollwut**verdächtig** ist jede Katze, die von einem Fuchs gebissen wurde oder sonstige Bißverletzungen (z.B. durch Raufereien mit Artgenossen) aufweist, wenn sie in einem tollwutgefährdeten Gebiet lebt und nicht gegen Tollwut geimpft ist.

▶ Vorbeugung

1885 entwickelte Louis Pasteur den ersten Impfstoff gegen Tollwut. Inzwischen wurde dieser Impfstoff in Bezug auf seine Wirkung und Verträglichkeit wesentlich verbessert. Jede Freilaufkatze

Naturheilkunde
Die Tollwut war schon im Altertum bekannt. Erste schriftliche Hinweise auf diese Erkrankung stammen aus dem Jahre 1700 v. Chr. Bis zum Ende des Mittelalters hat man die Tollwut mit bösen Geistern und Besessenheit in Verbindung gebracht. Diesem Aberglauben entsprechend waren auch die wenig erfolgreichen Behandlungsmethoden: Teufelsaustreibungen, Untertauchen in kaltes Wasser oder Herausschneiden eines imaginären Tollwurms aus der Bißwunde, um nur wenige der absurden Therapien zu nennen. Heute weiß man, daß ebenso wie die Schulmedizin auch die Naturheilkunde kein Mittel gegen die Tollwut kennt.

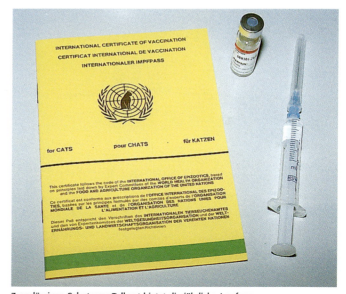

Zuverlässigen Schutz vor Tollwut bietet die jährliche Impfung.

sollte regelmäßig gegen Tollwut geimpft werden. Nur mit einem gültigen Impfpaß können Sie Ihr Tier von einem Tollwut**verdacht** »reinwaschen«. Die letzte Impfung muß dabei mindestens 4 Wochen und darf nicht länger als 1 Jahr her sein; es sei denn, das Tier wurde jedes Jahr regelmäßig geimpft und hat einen ununterbrochenen Schutz gegen Tollwut. Bei kleinen Kätzchen sollte die erste Impfung in der 12. Lebenswoche erfolgen. Danach muß jährlich aufgefrischt werden. Eine Notimpfung, wie sie beim Menschen nach einem Biß eines tollwütigen Tieres durchgeführt wird, gibt es für Tiere nicht.
Gegen die Einschleppung der Seuche in andere Länder bestehen Einreisebestimmungen, die sich je nach Seuchenlage der einzelnen Länder unterscheiden. Erkundigen Sie sich bei Ihrem Tierarzt, welche Bedingungen das Land Ihrer Wahl für die Einreise mit einer Katze stellt.

Gefahr für den Menschen

Die Tollwut ist auf den Menschen übertragbar und verläuft, wenn sie einmal ausgebrochen ist, immer tötlich. Nach dem Biß durch ein tollwütiges Tier kann der Mensch durch eine aus mehreren Injektionen bestehende Notimpfung gerettet werden.

Leukose (FeLV)

▸ Erreger

Die Leukose wird durch ein Retrovirus verursacht. Die wissenschaftliche Bezeichnung für den Erreger der Katzenleukose ist Felines Leukämie-Virus (FeLV). Das FeLV ist inzwischen weltweit verbreitet. Laut Statistik ist jede dritte Katze, die in einer tierärztlichen Praxis vorgestellt wird, an Leukose erkrankt. Das ist eine so große Anzahl von Tieren, daß man schon von einer Seuche reden kann.

▸ Ansteckung

Routinemäßige Blutkontrollen ergaben bei bis zu 20 % aller untersuchten Katzen eine Leukoseinfektion. In den meisten Fällen waren diese Tiere noch nicht an Leukose erkrankt. Und gerade dieses Phänomen ist für die immer schnellere Ausbreitung der Infektion verantwortlich: Nach Eintritt des Leukosevirus in den Körper der Katze (Infektion) kann es Wochen, Monate oder sogar Jahre dauern, bis die ersten Symptome der Krankheit auftreten. In dieser ganzen Zeit kann die infizierte Katze Viruspartikel mit dem Speichel, dem Nasensekret sowie dem Urin ausscheiden und wird damit zur potentiellen Ansteckungsquelle für alle mit ihr in Kontakt tretenden Artgenossen.
Die Ansteckung erfolgt über gemeinsame Futter- und Wasserschüsselchen, über Katzentoiletten und durch direkten Kontakt, z.B. beim gegenseitigen Putzen. Infizierte Weibchen übertragen den Erreger auch über die Plazenta (Mutterkuchen) auf die noch ungeborenen Kätzchen.

▸ Verlauf

Die Symptome der Katzenleukose sind vielgestaltig. Meist werden die Kätzchen zum Tierarzt gebracht, weil sie keine Nahrung und keine Flüssigkeit mehr zu sich nehmen wollen. Häufig wird mäßig erhöhte Temperatur festgestellt. Auch Durchfall, Atembeschwerden oder zentralnervöse Störungen können, je nachdem, welches Organ betroffen ist, auftreten. Durch seine immunschwächenden Eigenschaften öffnet das Feline Leukämie-Virus anderen Infektionen wie z.B. Katzenschnupfen oder FIP Tür und Tor. Die Katzenleukose kann also einen ganzen Komplex von Krankheiten hervorrufen. Chronische Infektionen bei der Katze, ganz gleich welcher Art, sind immer verdächtig für FeLV.

▸ Tierärztliche Behandlung

Vor jeder Behandlung steht die Diagnose. Dem Tierarzt stehen verschiedene Tests zum Nachweis des Felinen Leukämie-Virus zur Verfügung. Der sogenannte ELISA-Test, der heute in jeder tierärztlichen Praxis schnell und preiswert durchgeführt werden kann, ist jedoch nur im positiven Fall aussagekräftig. Nur dann,

VIRUSERKRANKUNGEN **35**

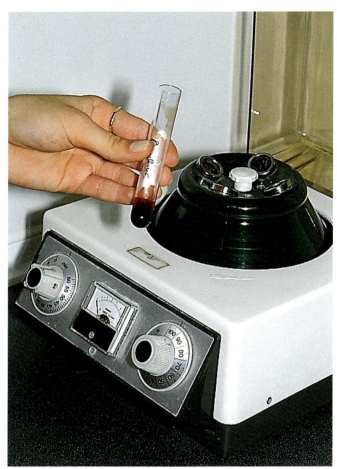

Leukoseviren können nicht immer im Blut einer infizierten Katze nachgewiesen werden.

wenn die Katze virämisch ist, d.h. das Leukose-Virus im Blut der Katze zirkuliert, kann man den Erreger nachweisen. In vielen Fällen, vor allem bei erwachsenen Tieren, hat sich das Virus in einem Organ »versteckt« und der Leukose-Test ist negativ, obwohl die Katze infiziert ist. Hier muß der Tierarzt weitersuchen und mosaiksteinchenartig ein Gesamtbild zusammensetzen. Oft gelingt es ihm nur anhand der Symptome, den **Verdacht** auf eine Leukosekrankheit zu äußern, ohne den direkten Nachweis liefern zu können. **Ein negativer Leukosetest ist keine Garantie für Leukosefreiheit.**
Die tierärztliche Behandlung richtet sich nach den Symptomen. Die Therapie variiert je nachdem, welches Organ betroffen ist. Zusätzlich zur Symptombehandlung wird der Tierarzt versuchen, die körpereigenen Abwehrkräfte des kleinen Patienten zu mobilisieren. Neben der spezifischen Abwehr (Immunität), die z.B. durch Impfungen aktiviert wird, verfügt jeder Körper auch über unspezifische Abwehrmechanismen gegen Krankheiten. Dieser Teil des Abwehrsystems hat sich nicht auf bestimmte Erreger spezialisiert, sondern bekämpft alle krankmachenden Keime, die in den Körper eindringen wollen oder schon eingedrungen sind.
Diese unspezifische körpereigene Abwehr wird von den Medizinern als **Paramunität** bezeichnet, die Aktivierung dieser unspezifischen Abwehr als **Paramunisierung**.
Die Paramunität ist maßgeblich beteiligt, wenn eine Leukose-Infektion vom Körper überwunden wird und die Katze gesund bleibt.
Prof. Dr. Dr. Anton Mayr entwickelte schon Anfang der achtziger Jahre ein überaus wirksames Präparat zur Paramunisierung, das inzwischen auch in der Humanmedizin zur Bekämpfung von Krebs eingesetzt wird. Damit gelang es schon 1984 eine leukoseverseuchte Katzenzucht durch vorbeugende Paramunisierung von neugeborenen Welpen zu sanieren. Heute weiß man, daß der von Prof. Mayr entwickelte Paramunitätsinducer sowohl bei leukoseinfizierten als auch

bei leukosekranken Katzen erfolgreich angewandt werden kann. Er steht inzwischen jedem Tierarzt zur Verfügung. Es ist also ein »Kraut gewachsen« gegen die Leukose. Sicherlich ist es kein Wundermittel, und es gelingt auch leider nicht immer, der körpereigenen Abwehr zum Sieg gegen das Leukosevirus zu verhelfen. Einen Versuch ist es aber in jedem Fall wert.

▸ Häusliche Pflege

Die häusliche Pflege richtet sich nach den auftretenden Symptomen. Bei besonders geschwächten Patienten ist es meist erforderlich, bei der Nahrungsaufnahme und der Körperpflege behilflich zu sein. Gekochte Hühnerbrühe, Babynahrung aus Gläschen, im Mixer püriertes Fleisch oder spezielle flüssige Sondennahrung (beim Tierarzt erhältlich) wird der Katze mit einer 5-ml-Einmalspritze über den Tag verteilt in den Mund gegeben, wenn sie nicht in der Lage ist selbst zu fressen.
Folgende Pflegemaßnahme wirkt sich auf die Psyche der kranken Katze aufbauend aus: Mit einem in lauwarmem Wasser getränkten Wattebausch oder Stoffläppchen wird, mit gleichen Bewegungen wie sich eine Katze mit der Zunge putzt, das Fell des Patienten gereinigt.
Sie werden sofort feststellen, wie gut dieser kleine »Liebesdienst« Ihrem vierbeinigen Freund tut.

Naturheilkunde

Wie bereits erwähnt, spielt die körpereigene unspezifische Abwehr für den Heilungsprozeß bei der Leukose eine große Rolle. Präparate aus der Naturheilkunde sollten daher so gewählt werden, daß sie diese Selbstheilungskräfte unterstützen.
Vitamine und ganz besonders das Vitamin C sind bekannt für ihren günstigen Einfluß auf das Abwehrsystem.
Der Körper der kranken Katze, der im Gegensatz zu uns Menschen normalerweise ausreichend Vitamin C selbst herstellen kann, sollte bei Leukose mit Vitamin C regelrecht überschwemmt werden.
Lösen Sie dazu täglich 1/4 Teelöffel **Vitamin-C-Pulver** (Ascorbinsäure-Pulver) im Verhältnis 1:1 mit etwas Traubenzucker in Wasser und geben Sie diese Lösung der Katze direkt in den Mund.
Geben Sie jedoch nicht mehr als 1/4 Teelöffel. Größere Mengen an Ascorbinsäure-Pulver führen ab und können Blähungen verursachen.
Eine weitere Vitamin-C-Quelle ist **Sanddornmus**. 1 Teelöffel pro Tag mit dem Futter vermischt ist sicherlich jeder Katze gut zu verabreichen.
Der **Gemeine Wasserdost** (*Eupatorium cannabium*) wurde ebenfalls zur Stärkung des Immunsystems wiederentdeckt. Er fördert vor allem die Widerstandskraft gegen Viruserkrankungen.
1–2 Tropfen einer Tinktur aus *Eupatorium cannabium* jeden 2. Tag genügen.
Den **Roten Sonnenhut** (*Echinacea purpurea*) erhalten Sie als Fertigprodukt in jeder Apotheke. Seine antivirale Aktivität entfaltet dieses Mittel bei der Gabe von zweimal täglich 5 Tropfen.

▸ Vorbeugung

Seit einigen Jahren gibt es einen Impfstoff gegen Leukose. Er hat sich bewährt – das kann man inzwischen mit gutem Gewissen behaupten. Ordnungsgemäß geimpfte Katzen mit einem gesunden Immunsystem sind vor einer Ansteckung mit dem Leukosevirus geschützt. Eine ordnungsgemäße Impfung bedeutet die Einhaltung folgender Richtlinien:
➤ Die Katze muß bei der ersten Impfung mindestens 8 Wochen alt sein.
➤ Als Grundimmunisierung sind 2 Impfungen im Abstand von 3–4 Wochen erforderlich.
➤ Die Impfung muß jährlich aufgefrischt werden.
➤ Das Tier muß bei der Impfung gesund und wurmfrei sein.
➤ Die Katze darf nicht mit dem Leukosevirus infiziert sein. Eine Impfung bei bereits bestehender Infektion ist zwar unschädlich, aber wirkungslos.

Gefahr für den Menschen

– Keine –

Feline Infektiöse Peritonitis (FIP)

▸ Erreger

Die Feline Infektiöse Peritonitis trat erstmals in den sechziger Jahren in Amerika auf. Schon 1966 wußte man, daß es sich bei dem Erreger dieser Erkran-

VIRUSERKRANKUNGEN

kung um ein Virus handelt. Seit Jahrzehnten wird in virologischen Labors von Universitäten und Pharmakonzernen in aller Welt in Sachen FIP geforscht. Unzählige wissenschaftliche Berichte wurden bereits in Fachzeitschriften zu diesem Thema veröffentlicht und noch immer sind die letzten Geheimnisse dieser rätselhaften Krankheit nicht vollständig geklärt. Mit Sicherheit weiß man, daß die Krankheit durch einen Erreger aus der Familie der Corona-Viren verursacht wird. Aber nicht das Virus allein, sondern erst der Zusammenschluß von Erreger und spezifischen körpereigenen Abwehrzellen führt zu dem erschreckenden und tödlich verlaufenden Krankheitsbild.

Angeborene Unterschiede der Augenfarbe sind keine Anzeichen einer Erkrankung.

➤ Ansteckung

FIP ist sehr ansteckend. Die Übertragung erfolgt durch direkten Kontakt von Katze zu Katze oder indirekt über Gegenstände, mit denen ein infiziertes bzw. krankes Tier in Berührung gekommen ist.

Farbveränderungen der Augen können ein Hinweis für eine FIP-Erkrankung sein.

➤ Verlauf

Man muß grundsätzlich unterscheiden zwischen den Ausdrücken »Krankheit« und »Infektion«. Eine Katze kann jahrelang das FIP-Virus in ihrem Körper beherrbergen, ohne krank zu sein. Erst wenn die ersten Symptome auftreten, spricht man vom Ausbruch der Krankheit. Wie lange es von der Infektion bis zum Krankheitsausbruch dauert, ist von Katze zu Katze unterschiedlich und läßt sich nicht mit Sicherheit voraussagen.
Ist die FIP-Krankheit einmal ausgebrochen, so tritt sie in zwei verschiedenen Erscheinungsformen auf. Das klassische Krankheitsbild mit Ansammlung großer Mengen bernsteingelber, klarer Flüssigkeit in der Bauchhöhle gab der Krankheit ihren Namen: FIP = Feline Infektiöse Peritonitis = ansteckende Bauchfellentzündung der Katze. Man spricht bei ihrem Auftreten von der »**nassen« Verlaufsform**. Die betroffenen Patienten haben Fieber; sie verlieren den Appetit und damit schnell an Gewicht. Die »typische« FIP-Katze ist ein Bild des Jammers: ein mit Flüssigkeit

gefüllter vorgewölbter Bauch bei gleichzeitig völlig abgemagertem Körper. In einigen Fällen entsteht nach Ausbruch von FIP auch eine Brustfellentzündung mit Flüssigkeitserguß in die Brusthöhle. Die mitunter enorme Flüssigkeitsmenge behindert die Atmung und Herzfunktion. Die kranken Tiere werden mit Atemnot, Erstickungsanfällen sowie mit Kreislaufstörungen dem Tierarzt vorgestellt.

Die typische »nasse« FIP wird in den letzten Jahren immer häufiger durch die »**trockene« Verlaufsform** abgelöst. Dabei entstehen entzündliche Knötchen und Auflagerungen in den verschiedensten Organen und Lymphknoten der infizierten Tiere. So relativ einfach die Diagnosestellung bei der nassen Verlaufsform für den Tierarzt ist, so schwierig ist sie bei der trockenen FIP. Die Krankheitszeichen sind vage und wechselhaft, je nachdem welches Organ betroffen ist. Durchfälle, Erbrechen, Appetitlosigkeit, Fieber, zentralnervöse Erscheinungen wie Lähmungen, Krämpfe, Gleichgewichtsstörungen oder auch Wesensveränderungen können auftreten. Auch Augenveränderungen (z.B. Augenhintergrundblutungen) werden im Rahmen einer FIP-Erkrankung beobachtet. Die Feline Infektiöse Peritonitis, ganz gleich ob sie in nasser oder in trockener Form auftritt, verläuft schleichend, oft über mehrere Wochen, und endet meist mit dem Tod des Tieres.

▶ Tierärztliche Behandlung

Die Blutuntersuchung auf FIP war bislang nicht aussagekräftig genug, um infizierte Tiere von FIP-Virus freien Katzen zu unterscheiden. Inzwischen gibt es jedoch ein Labor in Deutschland, das in der Lage ist, das Virus selbst im Blut nachzuweisen und damit die Diagnose zu sichern. Ist FIP einmal ausgebrochen, so bestehen kaum Chancen auf Heilung. Die Behandlung beschränkt sich lediglich darauf, die Beschwerden des Tieres zu lindern. Da Krankheitszeichen erst auftreten, wenn sich Viruspartikel mit Abwehrzellen des Körpers koppeln, kann der Tierarzt versuchen, durch medikamentöse Unterdrückung des Immunsystems eine weitere Bildung krankmachender Virus/Antikörper-Partikel zu verhindern. Dabei wird zunächst hochdosiert und dann nach und nach, bis zu einer geringen Erhaltungsdosis ausreichend, Kortison verabreicht. In vielen Fällen gelingt es dadurch, die Symptome zum Verschwinden zu bringen und die Lebensfreude der Tiere wiederherzustellen.

▶ Häusliche Pflege

Die häusliche Pflege einer FIP-kranken Katze ist die eines chronisch kranken Tieres. Je nach Stadium kann eine Intensivpflege mit Füttern und Hilfe bei der Körperpflege nötig sein (siehe S. 21, 22) oder nur spezielle, den Symptomen angepaßte Maßnahmen wie z.B. Verabreichung von Diätnahrung.

Streß ist ein wesentlicher, wenn nicht sogar der wichtigste Auslöser, der eine FIP-Infektion zur FIP-Krankheit werden läßt. Besonders gefährdet sind daher Kätzchen in Tierheimen, bei Katzenausstellungen oder bei Besitzer- und Wohnungswechsel. Eine möglichst streßfreie und katzengerechte Haltung, regelmäßige Gesundheitskontrollen durch den Tierarzt, eine ausgewogene und vollwertige Ernährung – und nicht zu vergessen – viel Liebe, das sind zur Zeit die einzigen und wirkungsvollsten Gegenmaßnahmen gegen den Ausbruch der FIP-Erkrankung bei infizierten Katzen.

Naturheilkunde

Es gibt keine Präparate aus der Naturheilkunde, die den Ausbruch einer FIP-Erkrankung bei einem infizierten Kätzchen verhindern könnten. Es ist aufgrund der Besonderheit der FIP-Infektion auch nicht ratsam, immunstimulierende Mittel wie z.B. bei der Leukose oder anderen Viruserkrankungen anzuwenden. Man weiß bisher zu wenig über den Mechanismus, der aus einer FIP-Infektion eine Krankheit macht. Wie bereits erwähnt, treten Symptome erst auf, wenn Antikörper und Virus sich zu einem Immunkomplex zusammenschließen. Eine Anregung des Immunsystems könnte diesen Prozeß in Gang setzen oder beschleunigen. Also bei einem FIP-positiven Tier am besten keine »schlafenden Hunde wecken«.

▸ Vorbeugung

Es gibt inzwischen einen Impfstoff gegen FIP. Es handelt sich dabei um eine nasale Impfung, d.h. der Impfstoff wird mit einer Pipette auf die Nasenschleimhaut der Katze aufgetropft. Dabei entsteht eine lokale Immunität. Dem FIP-Virus wird der Eintritt in den Körper durch spezielle, durch die Impfung angeregte Abwehrmechanismen der Schleimhäute des oberen Atemtraktes verwehrt. Die Grundimmunisierung besteht aus 2 Impfungen im Abstand von 3–4 Wochen. Danach muß der Impfschutz jährlich aufgefrischt werden.

Gefahr für den Menschen
– Keine –

Katzen-AIDS

▸ Erreger

Vor der Entdeckung des Felinen Immundefizienz-Virus (FIV), wie der Erreger des Katzen-AIDS bezeichnet wird, schrieb man die Symptome dieser Krankheit der Leukose zu. Auch heute ist es für den Tierarzt allein durch die klinische Untersuchung der Katze nicht möglich, beide Viruserkrankungen eindeutig voneinander zu unterscheiden. Erst Laboruntersuchungen gestatten eine genaue Diagnose. Inzwischen konnte der schon frühzeitig geäußerte Verdacht, daß es sich bei dem Erreger des Katzen-AIDS um eine Mutation des Leukosevirus handelt, bestätigt werden.

▸ Ansteckung

Katzen-AIDS ist wenig ansteckend. Untersuchungen belegen, daß der Erreger ausschließlich über blutige Verletzungen übertragen wird. Das erklärt, daß hauptsächlich männliche Freigänger, die häufig Revierkämpfe mit anderen Katzen austragen, infiziert sind. Die Übertragung des Virus über Futter oder die Katzentoilette scheint nicht sehr wahrscheinlich.

▸ Verlauf

Das Feline Immundefizienz-Virus vermehrt sich in den Immunzellen des Katzenkörpers und zerstört sie. Eine infizierte Katze ist damit schutzlos den verschiedensten Krankheitserregern ausgeliefert. Viren, Bakterien, Pilze und Parasiten können sich ungehindert vermehren. Ähnlich wie bei der Leukose ist daher das Krankheitsbild vielfältig. Reihenuntersuchungen an mit FIV infizierten Katzen zeigten, daß in etwa 80 % der Fälle zunächst die Schleimhaut des Atemtraktes betroffen ist. Die Kätzchen leiden unter Katzenschnupfen mit Niesen, Nasenausfluß, Augenbindehautentzündung und entzündlichen Veränderungen der Mundschleimhaut. Daneben treten auch Erkrankungen des Verdauungstraktes mit Durchfall und Erbrechen, Nieren- und Blasenentzündungen sowie Störungen der Fortpflanzungsorgane auf. Aborte, Totgeburten und plötzliche Todesfälle ohne vorherige Ankündigung wurden beobachtet. Häufig können Wurminfektionen und/oder Flohbefall bei den betroffenen Tieren nachgewiesen werden.

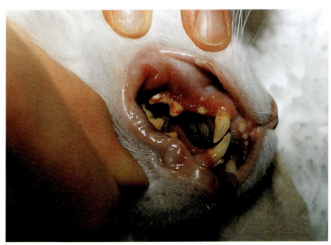

Veränderungen der Mundschleimhaut bei einer AIDS-Infektion.

Nach bisherigen Erkenntnissen scheint die Zeitspanne von der Infektion der Katze bis zum Ausbruch von Katzen-AIDS im Durchschnitt 5 Jahre zu dauern.

▶ Tierärztliche Behandlung

FIV kann durch einen Bluttest eindeutig nachgewiesen werden. Die direkte Behandlung dieser Erkrankung steckt jedoch noch in den Kinderschuhen. Es wurden gute Erfolge mit einem Präparat, das gegen das menschliche Immunschwächevirus (HIV) eingesetzt wird, auch bei Katzen erzielt. Das macht Hoffnung. Die weitere Therapie richtet sich gegen die aufgrund der Immunschwäche auftretenden Sekundärinfektionen. Bei kompetenter Behandlung der Symptome gesunden die betroffenen Kätzchen häufig und können monatelang beschwerdefrei bleiben.

▶ Häusliche Pflege

Die häusliche Pflege einer AIDS-kranken Katze richtet sich nach den Symptomen. Bei Erkrankungen der Luftwege schaffen Kamilledampfbäder, Rotlichtbestrahlung und Wärme (siehe Katzenschnupfen, S. 30) Erleichterung. Durchfall und Erbrechen können neben der tierärztlichen Therapie durch Diätmaßnahmen (Hüttenkäse, Quark, oder Dosendiätnahrung vom Tierarzt günstig beeinflußt werden.

Naturheilkunde

Ein spezielles »Kraut« gegen den Katzen-AIDS-Erreger ist nicht gewachsen. Präparate aus der Naturheilkunde können jedoch bei den auftretenden Sekundärinfektionen unterstützend zur tierärztlichen Behandlung eingesetzt werden.
Bei Durchfall hat sich die Gabe von 1 Teelöffel **Eichenrinde** pro Mahlzeit bewährt. **Heidelbeerabsud** hat neben der antibakteriellen auch eine beruhigende Wirkung auf den Darm. Zur Herstellung des Absuds nehmen Sie 3 Eßlöffel getrocknete oder frische Heidelbeeren (aus der Apotheke oder aus dem Wald) und kochen sie 10 Minuten in 1/2 Liter Wasser.
Lassen Sie den Sud abkühlen und geben Sie der Katze vier- bis fünfmal täglich ca. 5 ml davon mit einer Plastikspritze direkt in den Mund. Bei Infektionen der Atemwege können **Vitamin C** und **Roter Sonnenhut** *(Echinacea purpurea)* eingesetzt werden. Bei Läsionen der Mundschleimhaut helfen Einreibungen mit einer Tinktur aus Blutwurz und Arnika (siehe Katzenschnupfen, S. 31).

▶ Vorbeugung

Vorbeugende medizinische Maßnahmen, wie z.B. eine Impfung, gibt es gegen Katzen-AIDS nicht. Ob die grundsätzliche Vermeidung von Freilauf und damit der Kontakt zu anderen Katzen zum Vorbeugen gegen eine Ansteckung mit dem Immunschwäche-Virus gerechtfertigt ist, wird unter Katzenfreunden diskutiert. Die reiche Erlebniswelt der Freigänger kann einer Hauskatze ohne Auslauf trotz intensiver Bemühungen nicht geboten werden. Viele der intelligenten an Haus und Wohnung gebundenen Tiere leiden daher unter unerträglicher Langeweile. Die Entscheidung, ob nun Freilauf mit all seinen Risiken gewährt werden soll oder nicht, ist nicht leicht. Sie hängt letztlich von der persönlichen Einstellung und der Risikobereitschaft des einzelnen Katzenhalters ab.

Gefahr für den Menschen

Die Sorge, der Erreger des Katzen-AIDS könne dem Menschen gefährlich werden, ist unbegründet. Das Virus kann sich in menschlichen Zellen nicht vermehren. Es besteht daher – und das weiß man heute mit Sicherheit – keinerlei Ansteckungsgefahr für uns.

Aujeszkysche Krankheit

▶ Erreger

Die Erkrankung ist weltweit verbreitet und seit 1849 in Europa bekannt. Der Mikrobiologe Aujeszky, dessen Name die Krankheit trägt, wies 1902 in Ungarn nach, daß es sich dabei um eine Viruserkrankung handelt. Der Erreger ist ein Herpesvirus.

▶ Ansteckung

Alle Säugetiere, außer Primaten (Affen) und Einhufern (Pferde, Esel, Pony u.a.) können an Aujeszky erkranken. Die Katze

VIRUSERKRANKUNGEN

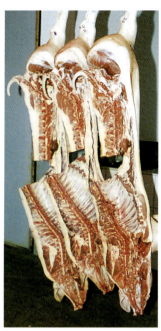

Durch rohes Schweinefleisch kann das Aujeszkysche Virus übertragen werden.

infiziert sich durch den Genuß von rohem Schweinefleisch. Erwachsene Schweine sind die einzigen Tiere, die das Virus beherbergen, ohne sichtbar zu erkranken. Aus diesem Grunde sind viele Schweinebestände und damit auch die Schlachtschweine mit Aujeszky-Virus durchseucht. Durch Kochen und Braten wird das Virus abgetötet. Von Rind-, Pferde-, Hammel-, Geflügel- oder Kaninchenfleisch geht keine Gefahr aus. Achten Sie jedoch in der Metzgerei darauf, daß z.B. beim Kauf von Rinderhackfleisch für Ihre Katze der Fleischwolf nicht zuvor zum Durchdrehen von Schweinefleisch verwendet wurde. Schon winzige Spuren Schweinefleisch können das Virus enthalten. Fleischreste, die von freundlichen Metzgern für Katzen und Hunde ihrer Kunden gesammelt werden, dürfen kein auch noch so kleines Stück Schweinefleisch enthalten. Sprechen Sie mit Ihrem Metzger über das Problem.

▶ Verlauf

In ihren Symptomen ähnelt die Aujeszkysche Krankheit der Tollwut. Man nennt sie daher auch Pseudowut. Katzen, die sich mit dem Virus infizieren, reagieren nach einer Inkubationszeit von 2–9 Tagen mit Wesensveränderung, Schluckbeschwerden, Lähmungen der Kopfmuskulatur und Tobsuchtsanfällen. Plötzlich auftretender unstillbarer Juckreiz läßt die Tiere wie wahnsinnig Pfoten, Schwanz oder sonstige Körperteile benagen, manchmal sogar abnagen. Dieses Symptom hat der Krankheit den Beinamen Juckseuche gegeben. Auch diese Viruserkrankung endet, wie die Tollwut, immer tötlich. Der Tod tritt innerhalb 24–36 Stunden nach Auftreten der Symptome ein.

Leitsymptome Aujeszkysche Krankheit
Wesensveränderung
Schluckbeschwerden
Lähmungen der Kopfmuskulatur
Unstillbarer Juckreiz
Raserei

▶ Tierärztliche Behandlung

Der Tierarzt hat keine Möglichkeiten die Aujeszkysche Krankheit zu heilen. Sie endet immer tötlich.

▶ Häusliche Pflege

Es gibt keine Pflegemaßnahmen, die einer Aujeszky-kranken Katze Erleichterung bringen. Ist die Diagnose eindeutig, sollte das Tier möglichst schnell eingeschläfert werden, um ihm den qualvollen Tod zu ersparen.

Naturheilkunde

Es gibt keine Präparate aus der Naturheilkunde, um die Aujeszkysche Krankheit zu heilen.

▶ Vorbeugung

Einen Impfstoff für Katzen gegen die Aujeszkysche Krankheit gibt es leider nicht. Der einzige wirksame Schutz besteht darin, kein rohes Schweinefleisch, auch nicht in Form kaltgeräucherter Salami, zu verfüttern. Kochen und Braten tötet das Virus zuverlässig ab. Schweinefleisch oder Fleisch anderer Tierarten, deren Herkunft Ihnen nicht genau bekannt ist, sollten Sie so lange erhitzen, bis es völlig gar ist, denn auch Fleischstücke, die innen noch rosa sind, können infektionstüchtige Viren enthalten.

Gefahr für den Menschen
– Keine –

HAUTERKRANKUNGEN

Krankhafte Veränderungen der Haut können in vielen Erscheinungsformen auftreten. In der Tiermedizin gibt es allein zwanzig Bezeichnungen, um die Art der Veränderungen zu charakterisieren und einzuordnen: Pusteln, Quaddeln, Krusten, Schuppen, Geschwüre, um nur ein paar Beispiele zu nennen. Alle Veränderungen haben Ursachen. Welche Ursache für welche Erkrankung der Haut verantwortlich ist, das herauszufinden ist die Aufgabe des Tierarztes. Es ist gerade bei Hauterkrankungen nicht immer möglich, sofort eine Diagnose zu stellen. Selbst völlig gleich aussehende Hautveränderungen können verschiedene Auslöser haben. Oft sind umfangreiche Allgemein- und Laboruntersuchungen erforderlich, um dem Übeltäter auf die Spur zu kommen. Geduld und die Bereitschaft des Tierhalters, auch länger dauernde Behandlungen nach Verordnung des Tierarztes konsequent durchzuführen, bringen in den meisten Fällen Erfolg. Oft ist das nicht gerade billig. Folgende Ursachen kommen für Hauterkrankungen in Frage:

1. Ektoparasiten
   - Flöhe
   - Zecken
   - Läuse
   - Haarlinge
   - Hautmilben
   - Herbstgrasmilben
   - Fliegenlarven
2. Hautpilze
3. Ernährungsfehler
4. Allergien und Autoimmunerkrankungen
5. Hormonelle Störungen
6. Tumoren

1. EKTOPARASITEN

Ektoparasiten leben auf der Außenfläche, d.h. auf (oder auch in) der Haut oder im Fell der Wirte. Sie ernähren sich von Blut und Hautschuppen der Katzen und stellen eine arge Belästigung der befallenen Tiere dar. Starker Juckreiz, Entzündungen der Haut, Pusteln und Abszesse, Allergien und nicht zuletzt die Übertragung gefährlicher Infektionskrankheiten gehen auf das Konto von Ektoparasiten.

Flöhe

➤ Erreger

Flöhe ernähren sich vom Blut ihrer Wirte.

Flöhe sind 1–8 mm große, seitlich abgeflachte Parasiten, die sich vom Blut ihrer Wirtstiere ernähren. Die Entwicklung der Flöhe erfolgt hauptsächlich in Fußbodenritzen, Teppichböden und im Tierlager (Katzenkörbchen, Decken, Sofa). Die Flohlarven ernähren sich vom Kot erwachsener Flöhe, der viel unverdautes Blut enthält. Je nach Luftfeuchtigkeit und Temperatur kann die Entwicklung vom Ei über mehrere Larven und das Puppenstadium zum erwachsenen Floh 4 Wochen bis mehrere Monate dauern.

➤ Ansteckung

Die Ansteckung erfolgt von Katze zu Katze (Flöhe können mehrere Meter weit springen) oder über Decken, Transportkörbe, Schuhe. Auch andere Haustiere (z.B. Hunde) können Flöhe mit nach Hause bringen, wo diese sich vermehren und dann bei ihrer Blutmahlzeit manchmal nicht mehr unterscheiden zwischen Katze und Hund. Igel sind in der Regel mit Flöhen regelrecht »verseucht«. In Gärten, in denen sich viele Igel aufhalten, sind auch dort herumstreunende Freilaufkatzen häufig von Flöhen befallen.

➤ Verlauf

Ein Flohbiß erzeugt starken Juckreiz. Die befallenen Katzen fügen sich durch ständiges Kratzen Wunden zu. Durch bakterielle Zusatzinfektionen entzünden sich solche Wunden. Manche Tiere reagieren auf den Flohspeichel mit Allergien, die als juckende, nässende Ekzeme mit Haarausfall in Erscheinung treten.

➤ Tierärztliche Behandlung

Trotz starkem Juckreiz, Pusteln oder sonstigen Hautverände-

HAUTERKRANKUNGEN

Igel übertragen Flöhe auf freilaufende Katzen.

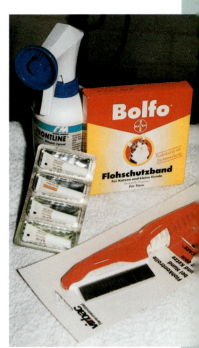

Gegen Flohbefall gibt es viele Behandlungsmöglichkeiten.

Flohkot im Fell sieht aus wie kleine Staubkörnchen.

rungen sind Flöhe selbst nicht immer im Fell nachzuweisen. Der Grund dafür ist, daß sich auch erwachsene Flöhe vor allem in der Umgebung aufhalten und nur zur Blutmahlzeit die Katze befallen. Oft erkennt der Tierarzt Flohbefall nur durch Auffinden von Flohkot, der wie kleine schwarze Staubkörnchen auf der Haut und im Fell des Patienten haftet. Wenn man Flohkot auf einer hellen Unterlage (z.B. im Waschbecken) mit etwas Wasser benetzt, entstehen wegen seines Anteils an unverdautem Blut rötliche Schlieren.

Es gibt verschiedene Möglichkeiten dem Flohbefall zu begegnen. Nicht alle Flohhalsbänder sind für Katzen geeignet. Die Tiere können damit irgendwo hängenbleiben und sich erwürgen. Extra für Katzen gibt es **Flohhalsbänder** mit einer Bruchstelle. Bleibt die Katze damit hängen, reißen diese Spezialbänder an der perforierten Stelle. Auch Halsbänder mit Gummizug sind zu empfehlen. Wirksame Bänder erhalten Sie bei Ihrem Tierarzt.
Als Alternative zum Flohhalsband gibt es beim Tierarzt die **Spot-on-Methode**. 3 Tropfen einer speziellen Flüssigkeit auf die Haut zwischen den Schulterblättern (dort, wo die Katze zum Schlecken nicht hinkommt) geträufelt, und das Tier ist etwa 3 Wochen gegen Flohbefall geschützt. Das Präparat wird innerhalb weniger Stunden durch die Haut aufgenommen und wirkt von innen. Kätzchen unter 1 Jahr dürfen allerdings nicht damit behandelt

werden. Bei ihnen sollte man ein Flohhalsband verwenden. Sachgemäß angewandt, sind sie auch für ganz junge Kätzchen gesundheitlich unbedenklich. **Behandeln Sie niemals eine Katze mit Flohspray oder Flohpuder!** Die reinlichen Tiere schlecken sich das Mittel innerhalb kurzer Zeit wieder aus dem Fell und sind für die Parasiten der Umgebung weiterhin ungeschützte Opfer. Akute und chronische Vergiftungen durch solche Mittel werden in Tierarztpraxen häufig gesehen. Wie immer, gibt es auch zu dieser Gesundheitsregel eine **Ausnahme:** Seit einiger Zeit gibt es ein Spray (Frontline), das einmal im Monat auf das Fell der Katze gesprüht wird und wirksam gegen Ektoparasiten schützt. Der Wirkstoff verbindet sich **unlösbar** mit den Haaren und kann weder mit Wasser, Schampon oder sonstigen Mitteln abgewaschen werden. Auch das Verschlucken eines mit diesem Präparat behandelten Haares ist für Mensch und Tier ungefährlich.

➤ Häusliche Pflege

Um Fußbodenritzen, Teppichböden, Tierlager usw. von erwachsenen Flöhen, Eiern oder Flohlarven zu befreien, eignen sich Sprays oder Fogger. Häufiges Staubsaugen hilft ebenfalls, den Flohbefall unter Kontrolle zu bringen. Dabei hat es sich bewährt, in den Staubsaugerbeutel etwas Flohspray zu geben, um die aufgesaugten Parasiten abzutöten.

Die Decken und Kissen, auf denen Ihre Katze schläft, müssen gründlich gewaschen und mit Flohspray behandelt werden. Besprühen Sie die Decken nicht in der Wohnung, sondern im Freien. Lassen Sie sie danach gründlich auslüften, damit die Katze mit dem gesundheitsschädlichen Präparat nicht in Kontakt kommt.

Wenn Sie die Wohnung und das Katzenlager mit Sprays oder Foggern ausräuchern, denken Sie daran, daß Mittel, die Flöhe abtöten, auch für den Menschen und andere Haustiere nicht gerade gesund sind. Kinder, Katzen, Hunde, Vögel und sonstige Haustiere dürfen sich in den behandelten Räumen nicht aufhalten.

Das Aquarium muß abgedeckt werden. Wenn Sie ein Spray verwenden, empfiehlt es sich, während der Behandlung der Räume ein Tuch vor den Mund zu binden.

Fogger entleeren sich selbständig, nachdem die Lasche des Behälters heruntergedrückt wurde. Sie brauchen also bei der Verwendung eines Foggers nicht dabeizubleiben und sich den schädlichen Gasen aussetzen. Nach ca. 2 Stunden können die ausgeräucherten Räume zunächst gründlich gelüftet und danach von der Familie wieder betreten werden.

Neuerdings gibt es ein Präparat, das der Katze einmal im Monat ins Futter gegeben wird. Es verhindert, daß sich die Flöhe, die bei einer so behandelten Katze Blut saugen, fortpflanzen können. Das ersetzt eine Behandlung der Wohnung. Allerdings dauert es mindestens 3 Monate, bis die Wohnung flohfrei ist. Die Flöhe werden jedoch nicht abgetötet, so daß das Präparat allein nicht ausreicht, Flohbefall auf der Katze selbst und das Einschleppen neuer erwachsener Flöhe von draußen zu verhindern. Zusätzlich muß immer eine der vorher genannten Methoden (Flohhalsband, Spot-on-Methode) angewandt werden, um Flohstiche zu verhindern.

Naturheilkunde

1 Tropfen **Johanniskrautöl** wird im Nacken (dort wo die Katze es nicht abschlecken kann) auf die Haut geträufelt.

Vorsicht: Wenden Sie dieses Mittel nicht auf hellem Fell an. Johanniskrautöl färbt die Haare dort, wo es aufgeträufelt wird, orange.

Katzen mit viel weißem Fell, die häufig der Sonne ausgesetzt sind, sollten **nicht** mit Johanniskrautöl behandelt werden, da dieses Präparat aus der Naturheilkunde eine Überempfindlichkeit der Haut gegenüber Sonnenlicht hervorrufen kann und somit die Gefahr für die Bildung von Hautkrebs zunimmt.

➤ Vorbeugung

In den letzten Jahren sind unsere Winter ungewöhnlich mild, so daß Flohbefall auch in der sonst kalten Jahreszeit auftritt. Um das zu verhindern, sollten daher Freilaufkatzen am besten das ganze Jahr durch Spot-on-Methode, Frontline (das Präparat zum Aufsprühen auf das Fell) oder mit einem Flohhalsband geschützt werden. Wenn die Katze erst gar keine Flöhe in die Wohnung einschleppen kann, kommt es auch nicht zur Vermehrung der Parasiten und zum Massenbefall.

Gefahr für den Menschen

Katzenflöhe befallen in der Regel keine Menschen. Lediglich für Insektenstiche besonders empfindliche Personen klagen hin und wieder über stark juckende Bisse an den Beinen.

HAUTERKRANKUNGEN

Zecken

> **Erreger**

Zecken gehören zoologisch gesehen zu den Spinnentieren und haben 8 Beine. Sie sitzen bevorzugt in Nadel- oder Laubmischwäldern mit viel Unterholz oder Gestrüpp sowie im dichten Gras in der Nähe von Sträuchern. Die Entwicklung vom Ei zur erwachsenen Zecke vollzieht sich, je nach Temperatur und Luftfeuchtigkeit, über mehrere Nymphenstadium in einem Zeitraum von Wochen bis mehreren Monaten.

Eine Zecke schwillt durch Blutsaugen innerhalb weniger Tage um das 10-fache ihrer Ursprungsgröße an.

> **Ansteckung**

Im Frühjahr und Sommer und inzwischen auch bis in den Spätherbst hinein befallen die Nymphen und auch die erwachsenen Zecken Vögel, Säugetiere und den Menschen. Sie bohren sich dabei mit dem Kopf durch die Haut ihrer Opfer und saugen mit den Mundwerkzeugen Blut.

> **Verlauf**

Der Hinterleib der Zecke schwillt beim Blutsaugen innerhalb weniger Tage um das 10-fache seiner Ursprungsgröße an. Erst wenn die Zecke richtig vollgesaugt ist, fällt sie wieder ab und kann bis zu 1 Jahr ohne eine weitere Blutmahlzeit überleben.
Die erwachsenen Weibchen legen nach einer Blutmahlzeit Eier. Die Nymphen entwickeln sich danach durch Häutung weiter zur erwachsenen Zecke.

> **Tierärztliche Behandlung**

An der Bißstelle entsteht häufig eine Entzündung, die sich zum Abszeß entwickeln kann und tierärztlich versorgt werden muß. Bei unsachgemäßer Entfernung einer Zecke kann der Kopf des Parasiten in der Haut steckenbleiben. In den Sommermonaten wird ein Tierarzt häufig mit der Entfernung eines Zeckenkopfes beauftragt.
In Süddeutschland und in Österreich kann durch den Zeckenbiß ein Virus auf den Menschen übertragen werden. Das Virus verursacht neben grippeähnlichen Erscheinungen auch Hirnhautentzündungen. Für den Menschen steht seit einiger Zeit ein Impfstoff zur Verfügung. Katzen kann das »Zeckenvirus« offensichtlich nicht gefährlich werden.
Borreliose wird dagegen bei Haustieren immer häufiger diagnostiziert. Es handelt sich dabei um ein mit dem Zeckenbiß übertragenes Bakterium, das chronische Entzündungen der Gelenke, des Herzmuskels oder anderer Organe des Patienten hervorrufen kann. Die Behandlung der Borreliose erfordert hohe Dosen an Antibiotika und dauert meist sehr lange. Oft jedoch erfolgt die Diagnose sehr spät, d.h. erst wenn die Gelenkschmerzen oder Herzprobleme auftreten. Die Behandlung ist dann sehr schwierig und führt häufig nicht zur vollständigen Heilung. Aus diesem Grunde sollte eine Katze sofort mit Antibiotika behandelt werden, wenn sich an der Zeckenbißstelle eine Infektion zeigt.

> **Häusliche Behandlung**

Freilaufkatzen sollten regelmäßig einmal am Tag auf Zeckenbefall untersucht werden. Um eine Zecke aus der Haut zu entfernen, sollte man sie mit einer Spezial-Zeckenzange ganz nahe am Kopf greifen und vorsichtig herausdrehen. Die Drehrichtung ist dabei unerheblich. Wenden Sie beim Herausdrehen des Parasiten keine Gewalt an, damit der Zeckenkopf nicht abgerissen wird. Die früher praktizierte Methode, den Parasiten durch Beträufeln mit Öl oder Nagellack zum Loslassen zu bewegen, hat sich als gefährlich erwiesen. Eine so behandelte Zecke gibt kurz vor dem Loslassen noch erhebliche Mengen von Mundsekret in die Bißwunde ab. Dabei besteht erhöhte Gefahr der Übertragung von Borreliose. Nach dem Entfernen des Parasiten sollte die Bißwunde mit etwas Desinfektionsmittel betupft werden, um einer Wundinfektion vorzubeugen.

Mit dieser Spezialzange kann man Zecken problemlos entfernen.

Flohhalsbänder mit starker Zeckenwirkung, die etwa alle 3 Monate ausgewechselt und das ganze Jahr über getragen werden sollten. Auch Frontline, ein Sprühpräparat, dessen Wirkstoff eine unlösbare Verbindung mit dem Fell eingeht, hat sich gegen Zeckenbefall bewährt. Die Katze kann das Präparat nicht vom Fell abschlecken und sich vergiften, wie es bei anderen Insektiziden in Sprayform passieren kann.

Läuse legen ihre Eier, die Nissen (links), im Fell ihrer Wirte ab.

Naturheilkunde

Johanniskrautöl wirkt nicht nur gegen Flöhe, sondern auch gegen Zecken.
1 Tropfen des gelblichen Öls wird der Katze im Nacken (dort wo sie es nicht abschlecken kann) auf die Haut geträufelt.
Die Wirkung hält, nachdem das Öl eingezogen ist, ein paar Tage an. Verwenden Sie Johanniskrautöl nicht bei Katzen mit überwiegend weißem Fell, da Johanniskrautöl die, bei diesen Katzen bestehende Überempfindlichkeit gegenüber Sonnenlicht verstärkt. Die Gefahr der Bildung von Hautkrebs wird vergrößert.
An der Stelle, an der das Johanniskrautöl angewandt wird, kommt es zu einer leichten gelblichen Verfärbung des Fells. Das kann bei Zuchtkatzen vor einer Ausstellung störend sein.

Gefahr für den Menschen

Zecken befallen auch den Menschen und können hier die Borreliose übertragen, aber auch die Frühsommer-Meringer-Enzephalitis (FSME). Eine vollgesaugte, von der Katze abgefallene Zecke bedeutet jedoch keine Gefahr, da sie über einen langen Zeitraum (bis zu 1 Jahr) keine neuen Angriffe auf Säugetiere mehr vornehmen wird. Lediglich die noch nicht festgesaugten und im Fell der Katze noch krabbelnden Parasiten können in der häuslichen Wohnung durch Streicheln oder sonstigen Kontakt von der Katze auf den Menschen übergehen.

▶ Vorbeugung

Um Zeckenbefall und damit die Gefahr einer Borreliose-Infektion erst gar nicht entstehen zu lassen, ist die Vorbeugung besonders wichtig. Dazu eignen sich

Läuse

▶ Erreger

Diese Hautparasiten sind etwa 1,5–2 mm groß, bräunlichweiß und mit dem bloßen Auge durchaus zu erkennen. Die Entwicklung der Laus vollzieht sich im Gegensatz zum Floh direkt auf der Katze. Die Eier werden mit einem rasch erstarrenden, wasserunlöslichen Sekret einzeln an die Haare geklebt. Diese sogenannten **Nissen** sind typisch für Läusebefall und geben der betroffenen Katze ein staubiges, schuppiges Aussehen. Innerhalb 8–10 Tagen schlüpfen aus den Eiern Larven, die sofort Blut saugen und sich über 3 Häutungen zu erwachsenen Läusen entwickeln.

▶ Ansteckung

Die Ansteckung erfolgt von Katze zu Katze sowie über Katzenkämme, Bürsten und sonstige Fellpflegeutensilien. Auch in Katzentransportkörben, Polstermöbel oder in Decken können sich Nissen, Larven und erwachsene Läuse aufhalten.

▶ Verlauf

Läusebefall tritt bevorzugt bei langhaarigen Rassekatzen auf und ist ein Anzeichen für

HAUTERKRANKUNGEN 47

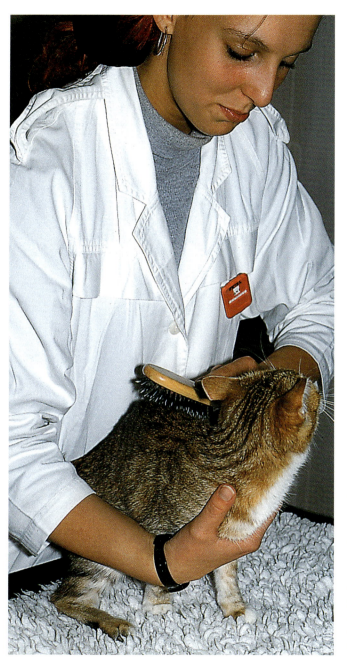

Die Übertragung von Fellparasiten kann auch über Kämme oder Bürsten erfolgen.

schlechte Pflege und schlechten Gesundheitszustand. Die betroffenen Tiere sind unruhig, kratzen sich ständig und zeigen bei genauer Untersuchung oft mit Schorf verdeckte Hautwunden.

➤ Tierärztliche Behandlung

Der Tierarzt kann die Nissen und manchmal auch die Läuse selbst unter dem Mikroskop deutlich erkennen. Starker Läusebefall bei Katzen ist selten und sollte auf jeden Fall Anlaß für eine gründliche tierärztliche Allgemeinuntersuchung des Tieres sein.
Oft steckt eine chronische Erkrankung (z.B. Leukose oder FIV) hinter der offensichtlichen Abwehrschwäche der betroffenen Katze.
Zur Abtötung des Parasiten erhalten Sie beim Tierarzt ein Kontaktinsektizid zum Baden der Katze. Langhaarkatzen, vor allem solche mit stark verfilztem Fell, sollten geschoren werden.

➤ Häusliche Behandlung

Eine von Läusen befallene Katze muß **zweimal** im Abstand von etwa 10 Tagen mit einem beim Tierarzt erhältlichen Kontaktinsektizid gebadet werden, um auch die neuen, aus den Nissen schlüpfenden Larven abzutöten. Achten Sie beim Baden darauf, daß das ganze Fell (auch am Kopf) des kleinen Patienten mit dem Bademittel durchnäßt wird. Um die Augen zu schützen geben Sie etwas Vitamin-A-Augensalbe hinein.

Naturheilkunde

Aus der Naturheilkunde hat sich **Lavendelöl** gegen Läusebefall bewährt.
Fellspülungen mit einer Mischung aus 5 Tropfen Lavendelöl auf ca. 1/2 Liter Wasser sollten 3 Tage hintereinander und dann nochmals 1 Woche später durchgeführt werden.
Achten Sie darauf, daß das Öl gut mit dem Wasser vermischt und nicht konzentriert auf das Fell der Katze gebracht wird. Die Tiere reagieren sonst mit starkem Speichel- und Tränenfluß.

> Vorbeugung

Die beste Vorbeugung gegen Läuse ist ein guter Gesundheitszustand. Geschwächte Kätzchen sollten nicht mit fremden Kämmen und Bürsten gekämmt oder in fremden Körben transportiert werden. Bei Freilaufkatzen ist der Kontakt zu eventuell mit Läusen befallenen Artgenossen nicht immer zu vermeiden. Durch regelmäßige Kontrolle der Haut und des Fells (beim Streicheln) können Parasiten frühzeitig – bevor es zum Massenbefall kommt – entdeckt und beseitigt werden.

Gefahr für den Menschen

Keine; die Kopf- und Kleiderläuse des Menschen sind keine Katzenläuse.

Haarlinge

> Erreger

Der Katzenhaarling ist etwa 1,3 mm lang und von hellgelber Farbe. Ähnlich wie die Laus legt der Katzenhaarling seine Eier in einem klebrigen Sekret direkt an die Haare. Aus den Eiern schlüpfen nach ungefähr 5–8 Tagen die Larven und entwickeln sich auf dem Wirtstier über 3 Häutungen zu erwachsenen Haarlingen.

> Ansteckung

Die Ansteckung erfolgt direkt von Katze zu Katze oder indirekt über Gegenstände wie Decken, Transportkörbe, Spielzeug oder Pflegeutensilien.

> Verlauf

Diese Parasiten sind relativ harmlos. Sie ernähren sich von Hautschuppen und saugen kein Blut.
Haarlingsbefall findet man vor allem bei schlecht gepflegten Katzen. Bei Jungtieren kann man gelegentlich Massenbefall beobachten. Die kleinen Kätzchen sind dabei sehr unruhig, trinken schlecht und bleiben in ihrer Entwicklung zurück. Grund für die Beunruhigung ist die auffallend starke Beweglichkeit der Parasiten. Bei genauer Beobachtung betroffener Katzen erkennt man das dauernde »Herumwieseln« der hellfarbenen Parasiten sehr gut.

> Tierärztliche Behandlung

Zur Behandlung verordnet Ihnen der Tierarzt auch hier ein Insektizidbad, worin der Patient zu Hause gebadet werden muß. Neudings gibt es ein Präparat, das, wird die Katze damit eingesprüht, eine unlösbare Verbindung mit den Haaren eingeht und die Parasiten wirksam abtötet. Damit ist gesichert, daß die behandelte Katze das Insektizid nicht durch Körperpflege aufnimmt. Auch Katzenwelpen können damit ohne Bedenken behandelt werden.

> Häusliche Behandlung

Zu Hause wird die Katze entweder gebadet oder mit dem genannten Sprühpräparat behandelt. Das Bad muß nach 8 Tagen wiederholt werden, um auch die neuen aus den Eiern schlüpfenden Parasiten zuverlässig abzutöten. Die Sprühbehandlung braucht, wenn überhaupt, erst 4 Wochen später wiederholt zu werden.

Naturheilkunde

Eine Fellspülung 2–3mal im Abstand von jeweils 1 Woche mit einer Mischung aus 5 Tropfen **Lavendelöl** und 1/2 Liter Wasser vertreibt die lästigen Parasiten. Welpen sollten allerdings nicht mit dem ätherischen Öl behandelt werden, da sie mit Überempfindlichkeitssymptomen wie Speicheln, Augenausfluß und Hautausschlägen reagieren können.

HAUTERKRANKUNGEN 49

Bei Befall mit Hautmilben oder Haarlingen sollte die Katze in warmen Wasser mit einem speziellen Medikament gebadet werden.

➤ Vorbeugung

Da es sich bei Haarlingsbefall, wie übrigens bei jedem Parasitenbefall, um eine Abwehrschwäche des Organismus handelt, ist die beste Vorbeugungsmaßnahme die Erhaltung oder Wiederherstellung eines intakten Immunsystems. Artgerechte Haltung, vollwertige Ernährung und liebevolle Pflege sind Grundvoraussetzungen für die Gesundheit junger und erwachsener Katzen. Bei geschwächten Tieren empfiehlt es sich durch Vitaminpräparate, Echinacea-Präparate, Paramunitätsinducer (Mittel zur Steigerung der unspezifischen Abwehrkräfte) und essentielle Fettsäuren im täglichen Futter »von innen« die Abwehr gegen Parasiten zu stärken.

Gefahr für den Menschen
– Keine –

Hautmilben

➤ Erreger

Zwei unterschiedliche Milbenarten verursachen bei der Katze eine Hauterkrankung, die allgemein auch als **Räude** bezeichnet wird. *Notoetres cati* ist der Erreger der Kopfräude während ein Befall mit *Sarcoptes*-Milben Hautveränderungen am ganzen

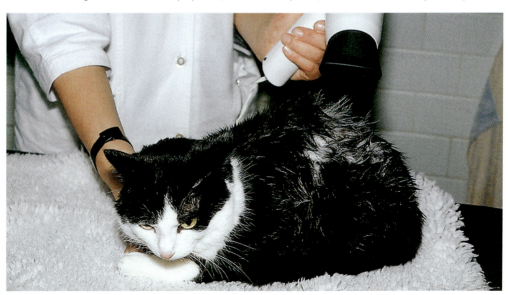

Nach dem Baden wird das Fell trockengeföhnt, damit sich der kleine Patient nicht erkältet.

Körper hervorruft. Die Parasiten leben in verzweigten Bohrgängen in der Haut des Wirtes und legen auch dort ihre Eier ab.

> **Ansteckung**

Räudemilben werden von Katze zu Katze durch direkten Kontakt übertragen.

> **Verlauf**

Bei Befall mit *Notoetres cati* entsteht bei Kätzchen aller Altersstufen zunächst starker Juckreiz an den Außenseiten der Ohren, am Kopf und Nacken sowie an den Pfoten. Im weiteren Verlauf kann sich die Erkrankung über den ganzen Körper ausdehnen. Es bilden sich Knötchen und Pusteln, dann kleieähnliche Beläge, aus denen dicke, grau gefärbte Krusten entstehen. Entfernt man die Kruste, tritt blutig-eitriges Sekret aus. Bei längerem Krankheitsverlauf verdickt sich die Haut durch den ständigen Reiz und es kommt zu Haarausfall. Die *Sarcoptes*-Milbe, der zweite Räudeerreger der Katze, verursacht ähnliche Hautveränderungen am ganzen Körper des betroffenen Tieres.

> **Tierärztliche Behandlung**

Zum Nachweis von Räudemilben entnimmt der Tierarzt mit einem scharfen Löffel oder einen Skalpell eine Hautprobe. Dabei muß er mit dem sterilen Instrument so tief in die Haut eindringen, bis sie leicht blutet. Nur so ist es möglich, eine Milbe aus den weitverzweigten Bohrgängen in der Haut zu erfassen, um sie unter dem Mikroskop zu identifizieren.
Zur Behandlung gibt es ein wirksames Präparat, das mehrmals in einem vom Tierarzt zu bestimmenden Abstand injiziert werden muß, um alle Milben sicher abzutöten.

> **Häusliche Behandlung**

Unterstützend zu der Behandlung des Tierarztes sollten Sie auf eine Ernährung achten, die einen hohen Anteil an essentiellen Fettsäuren enthält. Täglich 1/2 Teelöffel Gänseschmalz versorgt die Haut mit den notwendigen Nährstoffen für ihre Gesundung. Geflügelfett, vor allem Gänseschmalz enthält Arachidonsäure, eine für Katzen essentielle Fettsäure, die für gesunde Haut und Fell unentbehrlich ist.

Naturheilkunde

Katzen, die an Räude erkrankt sind, haben trockene Haut und stumpfes Fell (dort wo es noch nicht ausgefallen ist). Häufig finden sich infizierte Wunden, die durch das ständige Kratzen der Tiere entstanden sind. Hier helfen **Kohlblätter** *(Brassica oleracea)* und **Zaubernuß** *(Hamamelis virginiana)* nach folgendem Rezept:
250 g frische Kohlblätter
50 ml destillierte Zaubernuß
in einem Haushaltsmixer verquirlen, die Masse abseien und die entstandene Lotion einmal täglich mit einem Wattebausch dünn auf die betroffenen Hautpartien auftupfen. Die Lotion sollte im Kühlschrank und vor Verschmutzung geschützt aufbewahrt werden.

> **Vorbeugung**

Hygienische Haltungsbedingungen und eine ausgewogene Ernährung sowie die Vermeidung von Kontakt mit räudigen Katzen sind die wirksamsten Vorbeugemaßnahmen gegen Räude.

Gefahr für den Menschen
– Keine –

Herbstgrasmilben

> **Erreger**

In manchen Gebieten werden Katzen zunehmend von Larven der Herbstgrasmilben befallen. Die Larven dieser Parasiten sind gelb bis orangerot, so daß man sie mit bloßem Auge auf der Haut erkennen kann. Im Spätsommer und Herbst (inzwischen auch manchmal schon im Frühjahr) kommt es zu explosionsartiger Vermehrung der Parasiten, vor allem auf Wiesen und Sträuchern. Die Larven kriechen an den Gräsern und Pflanzen hoch und befallen Katzen, Hunde und auch Menschen. Dabei ritzen sie die obere Hautschicht ihrer Opfer mit ihren Mundwerkzeugen an und benetzen sie mit Speichel. Der Speichel enthält ein Enzym, das das Gewebe von Säugetieren verflüssigt. Das entstandene flüssige Speichel/Hautgewebe-Gemisch dient der Larve als Nahrung. Nach etwa 1 Woche sind die Larven vollgesogen, fallen ab

HAUTERKRANKUNGEN

und entwickeln sich zu erwachsenen Milben. Diese leben von nun an im Erdboden und ernähren sich von abgestorbenen Pflanzenteilen. Parasiten sind also nur die **Larven** der Herbstgrasmilbe.

► Ansteckung

Die Ansteckung erfolgt vor allem im Spätsommer und Herbst, wenn die Katze bei ihrem Ausflug über Wiesen und durch Büsche streift.

► Verlauf

Die Larven der Herbstgrasmilben setzen sich bevorzugt an dünne Hautstellen wie Zwischenzehenräume, Augen- und Lippengegend, Nasenrücken, Ohrmuscheln, Zitzen und an der Schwanzspitze der Katze fest. Natürlich wird eine durch die Parasiten malträtierte Haut wund. Es entstehen starker Juckreiz, Rötungen und, durch ständiges Kratzen und Benagen, Entzündungen sowie Hauterkrankungen, die der Räude ähnlich sind.

► Tierärztliche Behandlung

Der Tierärzt verordnet ein Insektizidbad, das, einmal angewandt, schon Erfolg bringt.

► Häusliche Behandlung

Zu Hause wird die Katze mit dem vom Tierarzt verordneten Präparat gebadet. Dabei sollten Sie darauf achten, daß keine mit dem Insektizid vermischte Badeflüssigkeit in die Augen der Katze gelangt. Am besten schützen Sie

Die Larven der Herbstgrasmilben befallen Katzen im Spätsommer und Herbst.

die Augen mit Vitamin-A-Augensalbe, die Sie als dicker Streifen unmittelbar vor dem Bad in die Augen der Katze geben. Lassen Sie das Insektizid ein paar Minuten einziehen bis die Milben abgestorben sind und waschen Sie das Fell gründlich mit klarem Wasser nach. So sind Sie sicher, daß der kleine Patient nicht durch die Anwendung des Insektizides in seiner Gesundheit gefährdet wird.

► Vorbeugung

Vorbeugend gegen Herbstgrasmilben helfen die gleichen Mittel, die auch gegen Flöhe angewandt werden. Besonders wirksam ist das seit neustem in Deutschland erhältliche Präparat zum Aufsprühen auf das Fell. Der Wirkstoff geht eine unlösbare Verbindung mit dem Fell ein und kann auch nicht mehr mit Wasser abgewaschen werden. Damit ist gesichert, daß die Katze das Insektizid nicht bei der Körperpflege vom Fell schlecken kann. Verschluckte, mit diesem Präparat behandelte Haare werden mit dem Kot wieder ausgeschieden, ohne daß der Wirkstoff vom Haar gelöst wird. Die vorbeugende

Naturheilkunde

Eichenrinden-Abkochung eignet sich wegen ihrer juckreizstillenden und leicht entzündungshemmenden Wirkung zum Waschen der betroffenen Hautstellen. Dabei sollten Sie darauf achten, daß die gelblich-rötlichen Parasiten vollständig abgewaschen werden.
Die Herstellung der Eichenrinden-Abkochung ist denkbar einfach: 2 Eßlöffel Eichenrinde in 500 ml Wasser 10 Minuten kochen und abseihen. Bis zum Abklingen der Beschwerden täglich einmal anwenden.

Wirkung gegen Herbstgrasmilbenbefall hält ca. 4 Woche an. Dann sollte die Katze erneut eingesprüht werden.

> **Gefahr für den Menschen**
>
> Herbstgrasmilben können, zum Beispiel beim Barfußlaufen durch eine Wiese, auch den Menschen befallen. Es entstehen juckende Hautentzündungen, die nach einer gründlichen Reinigung der betroffenen Hautstellen mit einem desinfizierenden, juckreizstillenden Präparat schnell wieder verschwinden. Eine Übertragung der Parasiten von der Katze auf den Menschen erfolgt nicht.

Fliegenlarven

➤ Erreger

In heißen Sommermonaten legen Fleischfliegen in nässende oder eitrige Wunden Hunderte von Eiern ab. Innerhalb weniger Stunden schlüpfen daraus Maden, die sich vom lebenden Fleisch der befallenen Tiere ernähren.

➤ Verlauf

Es entstehen innerhalb kurzer Zeit riesige schmerzhafte Wunden, die sich infizieren. Manchmal, insbesondere bei ungepflegten Langhaarkatzen können sich Fliegenlarvenkolonien unter dem verfilzten Fell oder am durch Durchfall verklebten After unbemerkt ausbreiten. Die Larven fressen sich in den Enddarm hinein. Ohne Behandlung sterben die betroffenen Patienten.

➤ Tierärztliche Behandlung

Die erste Hilfe besteht in der **vollständigen** Entfernung der Eier und Larven und der Versorgung der Wunden. Da die Läsionen infiziert sind, wird der Tierarzt ein Antibiotikum verabreichen. Manchmal, wenn die Wunden sehr groß sind, muß genäht werden. Langhaarkatzen sollten geschoren werden, damit keine Larven und kein Ei übersehen werden.

➤ Häusliche Behandlung

Zu Hause werden die Wunden täglich ein-bis zweimal mit einem vom Tierarzt verordneten Präparat eingetupft. Wichtig ist die sorgfältige Reinigung betroffener Körperöffnungen, z. B. die Reinigung des Afters nach jedem Kotabsatz, um einer erneuten Infektion der Fraswunden vorzubeugen.

> **Naturheilkunde**
>
> Ringelblume *(Calendula officinalis)* ist eine beliebte Pflanze in der Naturheilkunde. Die Blütenblätter werden mit heißem Wasser übergossen und 10 Minuten ziehen gelassen. Der abgekühlte Aufguß wird zum Spülen der Fraswunden verwendet.
> Die Inhaltsstoffe der Ringelblume fördern die Heilung infizierter Wunden.

➤ Vorbeugung

Eine gute Pflege, vor allem langhaariger Katzen ist die beste Vorbeugung gegen Fliegenmadenbefall. Bei Durchfall oder nässenden Ekzemen sollte das Fell um den After bzw. die Hautläsion geschoren werden, damit keine Fliege unter eventuell verklebten Haaren unbemerkt Eier ablegen kann.

> **Gefahr für den Menschen**
>
> – Keine –

Ungepflegte Katzen leiden häufig unter Hautparasiten.

HAUTERKRANKUNGEN

2. HAUTPILZE

➤ Erreger

Pilzerkrankungen der Haut, der Haare oder Nägel bzw. Krallen bei unseren Haustieren werden als Dermatomykosen bezeichnet. Die weitaus häufigste Dermatomykose bei der Katze wird durch den Fadenpilz *Microsporum canis* verursacht. Die durch diesen Pilz hervorgerufene **Hauterkrankung** bezeichnet man als **Mikrosporie**.

➤ Ansteckung

Vor allem dort, wo viele Katzen zusammentreffen, können regelrechte Pilzepidemien entstehen, so zum Beispiel in Katzenzuchten, Tierausstellungen oder Tierheimen. Infektionsquellen sind meist klinisch gesunde Katzen, die den Hautpilz in ihrem Fell beherbergen, ohne selbst zu erkranken. Die Übertragung erfolgt durch direkten Kontakt von Tier zu Tier, aber auch über Gegenstände wie z.B. Decken, Spielzeug, Transportkörbchen usw. Die Sporen, d.h. die Dauerformen des Pilzes bleiben Monate bis Jahre infektionsfähig. Auch Flöhe können den Hautpilz übertragen. Die Parasiten nehmen bei der Blutmahlzeit Pilzsporen mit ihren Mundwerkzeugen auf und geben sie beim Wirtswechsel auf die Haut einer gesunden Katze wieder ab.

Gesunde Tiere besitzen in der Regel eine so starke körpereigene Abwehr, daß ihnen der Pilz oder die Pilzsporen auf der Haut und im Fell nichts anhaben können. Solche Tiere sind oft Jahre infiziert, ohne daß irgendwelche Hautveränderungen beobachtet werden können. Erst bei Auftreten zusätzlicher Streßfaktoren kommt es zur Schwächung der Abwehrmechanismen. Die im Fell haftenden Fadenpilze können sich nun ungestört vermehren und es entsteht eine **Hautpilzerkrankung**.

Folgende Streßfaktoren spielen dabei eine Rolle.

Mangelernährung: Vor allen der Mangel an essentiellen Fettsäuren in der Nahrung erhöht die Anfälligkeit der Haut für Infektionskrankheiten durch Pilze, Bakterien und Parasiten.

Kälte: Katzen lieben und brauchen Wärme. Die naßkalte Jahreszeit in unseren Breiten schwächt die Abwehrkräfte der ursprünglich in warmen Ländern beheimateten Tiere.

Katzenausstellungen: Hektik, Lärm, ermüdende Transporte und das Herausreißen aus dem gewohnten Tagesablauf verursachen massiven Streß. Oft sind die einzigen Anzeichen für Streß und Angst feuchte Pfötchen und große Pupillen. Was sich im Innern des gestreßten Katzenkörpers abspielt, ist für uns Menschen unsichtbar: Die Abwehrkräfte gegen Infektionskrankheiten werden durch Ausschüttung eines Streßhormons stark gemindert.

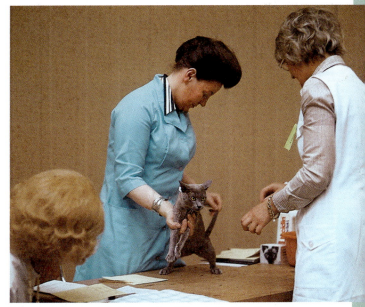

Katzenausstellungen sind nicht zu unterschätzende Streßsituationen für sensible Katzen.

Seelischer Kummer: Unglückliche Tiere bleiben selten gesund, denn auch seelischer Kummer bedeutet Streß. Der Aufenthalt im Tierheim, eine lieblose Behandlung, Mißhandlungen, der Verlust einer Bezugsperson oder auch dauernde Unterdrückung durch Artgenossen in einem viel zu kleinen Lebensraum, alles dies schwächt die Abwehrkräfte und öffnet Infektionserregern Tür und Tor.

➤ Verlauf

Bei einer *Microsporum-canis-*Erkrankung kommt es bevorzugt im Bereich von Gesicht (um die Nase, an den Ohrrändern), aber auch an anderen Körperteilen zu kreisrundem, manchmal auch diffusen Haarausfall. Die Ränder der kahlen Hautstellen sind durch einen leicht rötlichen Wall begrenzt; die Haare um die Veränderungen lassen sich leicht auszupfen. Nicht immer besteht Juckreiz. In einigen Fällen werden auch Bläschen, Schuppen oder Krusten beobachtet. Jede Veränderung der Haut mit Haarausfall oder Haarbruch ist verdächtig für Mikrosporie und sollte Anlaß für eine Untersuchung der Katze durch den Tierarzt sein.

➤ Tierärztliche Behandlung

Bei Verdacht auf Mikrosporie sollte immer eine Untersuchung der befallenen Haut und Haare auf Pilzsporen durchgeführt werden. Dazu zupft der Tierarzt mit einer sterilen Pinzette einige Haare aus den veränderten Hautbezirken und gibt sie auf einen speziellen Nährboden. Der so geimpfte Nährboden wird bei etwa 32°C im Brutschrank bebrütet. Bei bestehender Mikrosporie dauert es ungefähr 3–14 Tage, bis die Pilze auf dem **Nährboden** wachsen und zur eindeutigen Diagnose herangezogen werden können. Eine weitere Möglichkeit der Diagnose ist die Untersuchung der Katze mit Hilfe der **Woodschen Lampe.** Diese spezielle Lichtquelle erzeugt UV-Licht bis 365nm. Der Patient wird in einem abgedunkelten Raum mit der Woodschen Lampe angeleuchtet. In etwa 60 % der Fälle fluoreszieren die mit *Microsporum canis* befallenen Hautbezirke gelbgrün. Dieses Diagnoseverfahren hat den Vorteil, daß im positiven Fall sofort mit der Therapie begonnen werden kann, während bei der Kultivierung erst das Pilzwachstum auf dem Nährboden abgewartet werden muß. Da allerdings nur etwa 60 % der Mikrosporen fluoreszieren, ist die Kultur auf Nährböden dort unerläßlich, wo die Woodsche Lampe kein positives Ergebnis bringt.

Vom Tierarzt erhalten Sie eine pilzabtötende Flüssigkeit, die Sie zu Hause als Bad und als Desinfektionsmittel verwenden können. In besonders schweren Fällen

Zur Diagnose von Mikrosporie werden spezielle Nährböden verwendet.

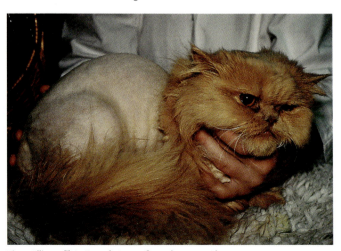

Eine völlig verfilzte Perserkatze muß geschoren werden.

HAUTERKRANKUNGEN

kann der Tierarzt zusätzlich Tabletten verordnen, die der Katze über mehrere Wochen verabreicht werden müssen. Sie hemmen das Pilzwachstum von innen heraus. Allerdings sind diese Tabletten für die Leber belastend, so daß es im Ermessen des Tierarztes liegt, ob sie bei einem Patienten angewendet werden können.

Wie bereits erwähnt, spielt die körpereigene Abwehr eine entscheidende Rolle im Krankheitsgeschehen. Es empfiehlt sich daher, den kleinen Patienten zu paramunisieren, d.h. die unspezifischen körpereigenen Abwehrkräfte durch Medikamente zu mobilisieren. Dazu eignen sich Paramunitätsinducer, die vom Tierarzt gespritzt werden.

▸ Häusliche Behandlung

Zu Hause wird die an Mikrosporie erkrankte Katze viermal im Abstand von 2–3 Tagen gebadet. Wichtig dabei ist, daß das Fell durch und durch mit dem im Wasser verdünnten pilzabtötenden Medikament durchnäßt wird.

Um die Augen zu schützen, verwenden Sie eine Vitamin-A-Augensalbe vor dem Baden. Im Anschluß an das Bad wird das Fell nicht mehr ausgespült, sondern nur noch trockengeföhnt. Die Wohnung, Lagerstätte und alle Gegenstände, mit denen die Katze in Berührung kam, müssen mit dem gleichen Mittel (in doppelter Konzentration verdünnt) eingesprüht werden. Übliche Haushaltsdesinfektionsmittel reichen in ihrer Wirkung nicht aus, um die überaus widerstandsfähigen Pilzsporen abzutöten.

▸ Vorbeugung

Die Erhaltung eines guten Gesundheitszustandes durch vollwertige Ernährung und liebevolle Behandlung ist für jeden Katzenfreund sicher selbstverständlich.

Naturheilkunde

Da *Microsporum canis* auf den Menschen übertragbar ist, sollte auf jeden Fall der Hautpilz durch das oben beschriebene pilzabtötende Mittel bekämpft werden. Präparate aus der Naturheilkunde allein (z.B. Waschen des Fells mit Ringelblumenabkochungen) sind nicht ausreichend wirksam, um die Ansteckungsgefahr für den Menschen sicher zu beseitigen.
Zusätzlich nach Abschluß der vom Tierarzt verordneten Therapie können sie jedoch ohne Schaden für die Katze angewandt werden.
Zur Steigerung der Abwehrkräfte des kleinen Patienten eignen sich Echinacea-Präparate und Vitamin-C-Pulver (eine Messerspitze pro Tag ins Futter).
Auch Rotlichtbestrahlung einmal pro Tag hat sich in der kalten Jahreszeit bewährt. Zur Unterstützung der Haut- und Fellfunktion empfiehlt sich die Gabe von 1/2 Teelöffel Gänseschmalz pro Tag.
Geflügelfett enthält einen hohen Anteil der für Katzen wichtigen Arachidonsäure.
Diese für Katzen lebenswichtige ungesättigte Fettsäure ist für gesunde Haut und schönes glänzendes Fell sehr wichtig.

Wenn die Gefahr einer Ansteckung mit *Microsporum canis* durch Kontakt mit fremden Katzen nicht vermieden werden kann (bei Freilaufkatzen) ist dies wohl die einzige Möglichkeit einer Mikrosporie-Erkrankung vorzubeugen.

Gefahr für den Menschen

Microsporum canis ist auf den Menschen übertragbar. Die Hautpilzerkrankung zeigt sich durch kreisrunde, schuppige, leicht rötliche Hautveränderungen an den Armen, im Gesicht, an den Händen, aber auch am Körper. Bei Befall der Kopfhaut (selten) kommt es zu Haarausfall. Eine eindeutige Diagnose kann auch beim Menschen nur durch die Kultur eines Hautabstriches der veränderten Bezirke auf Nährböden gestellt werden. Es empfiehlt sich jedoch, bei Verdacht auf Mikrosporie den behandelnden Arzt über eine bestehende Pilzerkrankung bei der Katze zu informieren, um die Behandlung frühzeitig beginnen zu können. Aber keine Panik! Auch beim Menschen läßt sich die Mikrosporie behandeln. Meist genügt es schon, die veränderten Hautstellen mit einem Antimykotikum in Salbenform einzureiben. Gleichzeitig ist die Stützung der körpereigenen Abwehrkräfte als Zusatztherapie hilfreich.

3. ERNÄHRUNGSFEHLER

➤ Ursachen

Einseitige Fütterung, überlagertes Trockenfutter sowie für Katzen ungeeignete Nahrungsmittel können Hauterkrankungen begünstigen, wenn nicht sogar verursachen.

1. Die am häufigst beobachtete Fehlernährung unserer Katzen ist die überwiegende Gabe von Trockenfutter. Ursache der dadurch entstehenden Hauterkrankungen ist ein **Mangel an ungesättigten Fettsäuren**. Vor allem das Trockenfutter enthält zuwenig der für die Katze essentiellen (lebensnotwenidigen) Arachidonsäure. Katzen haben einen sehr hohen Bedarf an dieser Fettsäure, da sie im Gegensatz zum Menschen und anderen Haustieren die im pflanzlichen Fett enthaltene Linolsäure nicht in Arachidonsäure umwandeln können. Sie sind übrigens nicht die einzigen Tiere, die dazu nicht in der Lage sind. Auch Großkatzen (z.B. Löwen) oder der Heilbutt (ein Raubfisch) sind wie unsere Hauskatze auf die Zufuhr dieser Fettsäure durch tierisches Gewebe angewiesen. Das liegt wohl daran, daß reine Fleischfresser, wozu auch unsere Katzen gehören, kaum pflanzliche Nahrung zu sich nehmen. Der Organismus dieser Tiere mußte daher die Fähigkeit zur Umwandlung von Linolsäure in Arachidonsäure nicht entwickeln.

Die Fütterung von Trockenfutter ist eine Ursache für Haut- und Fellprobleme.

2. **Ein Mangel an dem Hautvitamin Biotin** (Vitamin H) kann bei chronischem Duchfall oder Erkrankungen der Bauchspeicheldrüse entstehen. Theoretisch verursacht die Verfütterung großer Mengen Eiklar ebenfalls Biotinmangel. Rohes Eiweiß enthält Adavin, eine Substanz, die Biotin zerstört. Allerdings wird sicherlich kein vernünftiger Mensch einer Katze große Mengen an rohem Eiklar verfüttern.

3. Einseitige Ernährung mit Fisch, vor allem mit Thunfisch, oder die Gabe von Lebertran kann bei Katzen zur **Pansteatitis** führen. Ursache ist ein Mangel an Vitamin E, das durch die im Fischfutter übermäßig enthaltenen Fettsäuren verbraucht wird.

➤ Ansteckung

Bei Hauterkrankungen, die aufgrund falscher Ernährung entstanden sind, besteht keine Ansteckungsgefahr.

➤ Verlauf

Typische »Trockenfutterkatzen« haben durch den chronischen Mangel an essentiellen Fettsäuren fettige, schuppige Haut, ein stumpfes Fell, Juckreiz und oft verstärkten Fellverlust.
Der ständige Juckreiz veranlaßt die geplagten Tiere zum Kratzen und Benagen der Haut. Die dadurch entstehenden kleinen Verletzungen können sich durch ubiquitäre (überall verbreitete) Bakterien infizieren und zu Ekzemen entwickeln.
Biotin-Mangel verursacht bei den betroffenen Katzen dünnes und glanzloses Fell sowie trockene und schuppige Haut. Der Fellwechsel ist verzögert, so daß die Tiere fast das ganze Jahr hindurch ungewöhnlich viel »haaren«.
Die Pansteatitis, verursacht durch Vitamin-E-Mangel bei einseitger Fischfütterung und Lebertran-

HAUTERKRANKUNGEN

Gaben, ist eine Erkrankung des Unterhautfettgewebes. Das Fettgewebe verfärbt sich tiefgelb bis hellbraun. Die Haut ist am ganzen Körper berührungsempfindlich und die Patienten zeigen ihre Schmerzen beim Anfassen je nach Temperament durch Klagen, Abwehrbewegungen, Kratzen oder Beißen.

> Tierärztliche Behandlung

Da viele Hauterkrankungen gleich aussehen, muß der Tierarzt durch umfangreiche klinische- und Laboruntersuchungen absichert, daß es sich bei den bestehenden Veränderungen tatsächlich um ernährungsbedingte Hauterkrankungen handelt. Er wird dann, je nach Ursache, Biotin-Präparate, Präparate mit essentiellen Fettsäuren als Inhaltsstoffe verordnen oder bei Pansteatitis hohe Dosen Vitamin E spritzen. Bereits entstandene Ekzeme werden durch juckreizstillende und desinfizierende Lotionen behandelt.

> Häusliche Behandlung

Besonders reich an Arachidonsäure, der für Katzen essentiellen Fettsäure, ist Geflügelfett. Katzen mit Haut- und Fellproblemen aufgrund eines Mangels an dieser Fettsäure erhalten täglich 1 Teelöffel Gänseschmalz. Butter, Rinderfett oder auch Sahne enthalten zuwenig Arachidonsäure und eignen sich nicht zur Korrektur von Mangelzuständen. Pflanzliche Öle (z.B. Olivenöl oder Sonnenblumenöl) sind dafür gänzlich ungeeignet, da sie nur die für Katzen unverwertbare Linolsäure enthalten. Biotinmangel kann man neben der Gabe von speziellen beim Tierarzt erhältlichen Biotinpräparaten durch Hefeflocken ausgleichen.
Vitamin-E-Mangel kann durch die Gabe von 1 Teelöffel Weizenkeime pro Tag langfristig normalisiert werden. Bei akuter Pansteatitis sollte das Vitamin E allerdings injiziert werden.

Naturheilkunde

Bei Mangelerscheinungen helfen keine Mittel aus der Naturheilkunde. Der Mangel muß beseitigt werden, um die daraus entstehenden Hautveränderungen zu beeinflussen. Bei juckenden Ekzemen bringt das Abtupfen der Hautveränderungen mit einem Extrakt aus **Hamamelis-Blättern** (Zaubernuß) Linderung. Da der Extrakt Alkohol enthält, sollten Sie keine großen Hautflächen auf einmal behandeln, sondern mit einem Wattebausch nur die veränderten Bezirke kurz abtupfen. Alkohol wird bei der Katze durch die Haut resorbiert und kann in die Blutbahn übergehen.

> Vorbeugung

Als Vorbeugemaßnahme gegen ernährungsbedingte Hauterkrankungen empfiehlt sich eine abwechslungsreiche und vollwertige Fütterung sowie der Verzicht auf Trockenfutter (als Belohnung höchstens 3–4 Stückchen pro Tag). Geben Sie Ihrer Katze niemals Lebertran. Chronische Durchfallerkrankungen oder eine Bauchspeicheldrüsenunterfunktion sollten immer tierärztlich behandelt werden, um Mangelerscheinungen zu vermeiden.

Gefahr für den Menschen
– Keine –

4. ALLERGIEN UND AUTOIMMUN-ERKRANKUNGEN

> Ursachen

Allergien sind Überempfindlichkeitsreaktionen des Körpers auf die verschiedensten Stoffe (Allergene). Man unterscheidet zwischen Kontakt- und Nahrungsmittelallergien. Bei der **Kontaktallergie** wird die überschießende Abwehrreaktion der Haut schon durch die Berührung mit dem Allergen ausgelöst. Das können ganz verschiedene Substanzen sein, z.B. Pilze, Parasiten (Flöhe, Milben), Bakterien, Medikamente (Flohhalsbänder, Salben, Kosmetika), Waschmittel, Fußboden- oder Möbelpflegemittel, Plastikfutterschüsselchen oder Pflanzen und vieles mehr.
Unter einer **Nahrungsmittelallergie** versteht man eine krankhafte Reaktion der Haut oder anderer Organe (Magen-Darm-System) auf Futtermittel oder Futtermittelbestandteile. So können zum Beispiel verschiedene Eiweiße, Kohlenhydrate oder auch Zusatzstoffe wie Geschmacks-

verstärker, Konservierungs- und Farbstoffe Allergien auslösen.
Bei einer **Autoimmunerkrankung** wütet der Körper gegen eigenes Gewebe, ohne daß ein Allergen von außen die Reaktion hervorruft. Es handelt sich dabei um eine Störung des Immunsystems.

> Ansteckung

Weder Allergien noch Autoimmunerkrankungen sind ansteckend. Sie werden nicht von Katze zu Katze bzw. auf andere Tiere oder den Menschen übertragen. Die Neigung zu diesen Über- bzw. Fehlreaktionen des Immunsystems ist jedoch vererblich und kann von der Mutterkatze auf ihre Welpen weitergegeben werden.

> Verlauf

Die allergische Hauterkrankung zeigt sich durch leichte Rötung der Haut, durch Pusteln und Krusten bis hin zu schweren durch Bakterien superinfizierten Ekzemen. Häufig besteht starker Juckreiz.
Die bekanntesten Autoimmunerkrankungen der Katze sind Pemphigus und Lupus erythematoides. Beim **Pemphigus** finden wir chronische bläschenbildende Veränderungen der Haut, vor allem an den Lippen und um die Augen. Die Bläschen platzen und entwickeln sich zu flächigen Ekzemen und Geschwüren. Der **Lupus erythematoides** bei der Katze ist durch Schuppen und Krusten, vor allem an den Ohren und den Pfoten, chrakterisiert. Erfreulicherweise sind diese Autoimmunerkrankungen bei der Katze relativ selten.
Häufiger findet man jedoch eine Sonderform der Hauterkrankungen bei der Katze, die, je nach Lage der Veränderungen, als **Eosinophiles Geschwür** oder **Eosinophiles Granulom** bezeichnet wird. Die Ursache dieser Erkrankung ist bisher nicht geklärt. Da jedoch die körpereigene Abwehr am Entstehen beteiligt zu sein scheint, wird auch hier eine Autoimmunerkrankung vermutet.
Typisch für das Eosinophile Geschwür ist die bevorzugte Lage der Veränderung an der Ober- oder Unterlippe sowie in der Mundschleimhaut der Katze.
Beim Eosinophilen Granulom zeigen sich stark juckende Geschwüre am ganzen Körper.

Eosinophiles Geschwür an der Unterlippe.

> Tierärztliche Behandlung

Es ist für den behandelnden Tierarzt unmöglich, allein anhand der Art der Veränderung eine Diagnose zu stellen. Hauterkrankungen sind, vor allem wenn sie schon länger bestehen und sekundär durch Bakterien infiziert sind, nicht ohne Laboruntersuchungen zu unterscheiden. Der Tierarzt muß bei seiner Untersuchung Differentialdiagnosen berücksichtigen, d.h. er muß alle für diese Hautveränderung ebenso in Frage kommenden Krankheiten (z.B. Mangelerscheinungen, Organerkrankungen, Parasiten, Pilze) ausschließen.
Das ist gerade bei Hauterkrankungen sehr umfangreich und zeitaufwendig. Die Geduld und auch der Geldbeutel des Tierbesitzers werden stark belastet; der Heilungsprozeß ist oft langwierig.
Eine häufig angewandte Diagnosemöglichkeit ist die Hautbiopsie. Dabei entnimmt der Tierarzt ein kleines Stückchen eines veränderten Hautbezirkes unter örtlicher Betäubung und läßt es histologisch untersuchen.
Die unter dem Mikroskop betrachtete Haut gibt durch ganz spezifische Veränderungen Hinweise auf die Ursache der Erkrankung.
Wenn man definitiv weiß, daß es sich um eine Allergie handelt, muß man das auslösende Allergen finden und den Kontakt damit nach Möglichkeit meiden.

Das ist Detektivarbeit und fordert vor allem vom Tierbesitzer Beobachtungsgabe, Einsatz und – wie gesagt – viel Geduld. In vielen Fällen gelingt es nicht, das Allergen zu finden. Medikamente, die die überschießende Körperabwehr unterdrücken (z.B. Kortison) kommen dann zum Einsatz und lindern die Beschwerden des kleinen Patienten.
Autoimmunerkrankungen sind schwer zu behandeln. Erfolge werden meist nur mit immununterdrückenden Medikamenten und mit Hormongaben erzielt. Allerdings gibt es inzwischen sehr gut verträgliche Kortison-Präparate, die, über lange Zeit (auch Jahre!) der Katze als Depot-Injektion oder Tabletten verabreicht, ohne gravierende Nebenwirkungen die Lebensfreude des Patienten wiederherstellen und erhalten.

> **Häusliche Behandlung**

Bitte verwenden Sie ohne Rücksprache mit Ihrem Tierarzt keine humanmedizinischen Mittel oder Präparate aus der Naturheilkunde bei Ihrer hautkranken Katze. Gerade bei Hauterkrankungen ist eine frühzeitige und konsequente Zusammenarbeit mit dem Tierarzt für den Erfolg der Therapie besonders wichtig. Um es nochmals zu betonen:
Die Art der Hautveränderung sagt in der Regel wenig über ihre Ursache aus, so daß die Anwendung eines Mittels, das bei der einen Katze die Erkrankung heilte, bei einer anderen Katze die Hautschäden verschlimmern kann.
Vor jeder Therapie steht daher die Diagnose!

> **Vorbeugung**

Vorbeugemaßnahmen zur Vermeidung einer krankhaften Entgleisung des Immunsystems sind nicht bekannt.
Um zu verhindern, daß die Neigung zur Allergie oder Autoimmunerkrankung weitervererbt wird, sollte mit Katzen, bei denen solche Krankheiten aufgetreten sind, grundsätzlich nicht gezüchtet werden.

Gefahr für den Menschen
– Keine –

Naturheilkunde

Wenn die Diagnose Allergie oder Autoimmunerkrankung gesichert ist, kann man durch Naturheilverfahren viel erreichen. Gute Erfolge wurden durch **Eigenblutbehandlungen** erzielt.
Dabei entnimmt der Tierarzt der Katze Blut aus der Vene und spritzt es dann sofort, eventuell angereichert mit einem Pflanzenpräparat, dem Tier unter die Haut.
Durch dieses Verfahren entsteht ein Reiz auf das Immunsystem, wodurch häufig eine Umstimmung und damit eine Normalisierung der Abwehr erreicht wird.
Süßholz *(Glycyrrhiza glabra)* wird bei Allergien seit alters her angewandt. Gut bekannt ist der getrocknete Extrakt aus der Süßholzwurzel als Lakritze. Die entzündungshemmende und antiallergische Wirkung von Süßholz ähnelt dem des Kortisons.
Damit eignet sich die Anwendung von Süßholz auch als Begleittherapie bei notwendigem Kortisoneinsatz zur Verringerung der anzuwendenden Kortisonmenge.
Verwenden Sie für die Katze eine Abkochung von Süßholz. Die Wurzeln werden dazu ca. 20 Minuten in Wasser gekocht, und das abgekühlte Kochwasser wird mit dem Futter vermischt.
Vorsicht: Verwenden Sie Süßholz nicht bei Tieren mit Herzminderleistung und damit verbundenem Wasserstau, da Süßholz die Einlagerung von Wasser im Gewebe fördert.

5. HORMONELLER HAARAUSFALL

> **Ursache**

Bei symmetrischen Haarverlusten am Bauch, an den Flanken und den Innenschenkeln wird oft von hormonell bedingtem Haarausfall gesprochen. Obwohl die Störung überwiegend bei kastrierten Tieren auftritt, wurde bei Laboruntersuchungen ein tatsächlicher Hormonmangel bisher nicht festgestellt. Es wird jedoch vermutet, daß bei vielen Patienten die symmetrische »Glatze« (Alopezia) durch krankhafte Lecksucht entsteht. Bei diesen Tieren handelt es sich offenbar um unglückliche Katzen, die mit bestimmten Situationen und Gegebenheiten ihres Lebens nicht zurechtkommen. Das können ganz subtile Dinge sein, die für den Besitzer auf den ersten Blick nicht zu erkennen sind. Dem Tierbesitzer fällt das Lecken und Fellzupfen meist nicht auf, da sich die Katzen dabei fast immer vestecken. Es handelt sich offensichtlich um eine Übersprungshandlung (unbewußtes Verhalten) zur Abreaktion von Frustrationen.

➤ Ansteckung

Hautveränderungen durch sogenannten hormonellen Haarverlust sind nicht ansteckend.

➤ Verlauf

Es treten symmetrische Haarverluste vorwiegend am Bauch, an den Flanken und den Innenschenkeln auf. Dabei besteht kein Juckreiz und die Tiere scheinen unter dem Haarverlust nicht zu leiden. Manchmal ist die Haut gerötet oder leicht schuppig.
In den meisten Fällen ist keine deutliche Veränderung sichtbar.

➤ Tierärztliche Behandlung

Durch Hormongaben (Progesteron) läßt sich das Symptom in den meisten Fällen gut beeinflussen. Häufig sprießen die Haare sehr bald nach nur einer Injektion. Allerdings können die Hormone vor allem bei älteren Tieren einen eventuell latent vorhandenen Diabetes mellitus (Zuckerkrankheit) zum Ausbruch bringen.
Daher wird der Tierarzt das Risiko und den Nutzen der Behandlung genau abwägen.

➤ Häusliche Behandlung

Die Aufgabe des Tierbesitzers zu Hause ist vor allem die Ursachenforschung und die genaue Beobachtung der Katze. Versteckt sie sich häufig? Kann vermehrtes Schlecken an den kahlen Stellen beobachtet werden?
Hat sich das Verhalten der Katze zu Mitbewohnern oder anderen im Haushalt lebenden Katzen verändert?
Deutliche Zeichen für eine Störung in der Beziehung Mensch und Katze oder zwischen Artgenossen sind Verschmutzung der Wohnung mit Urin, Ängstlichkeit oder ungewohnte Aggressivität.

Symmetrischer Haarausfall kann hormonelle oder psychische Ursachen haben.

> **Naturheilkunde**
>
> **Johanniskraut** *(Hypericum perforatum)* hat eine stabilisierende und aufhellende Wirkung auf die Psyche. **Johanniskrauttee** kann auch bei der Katze angewandt werden, um das seelische Gleichgewicht wiederherzustellen.
> Dazu ca. 30 ml pro Tag der abgekühlt über längere Zeit dem Futter zugegeben oder dem Tier direkt in die Mundhöhle eingeben.
> **Vorsicht:** Katzen mit viel weißem Fell, die mit Johanniskraut behandelt werden, sollten nicht direktem Sonnenlicht ausgesetzt werden. Es besteht, dort wo das Fell unpigmentiert ist, erhöhte Gefahr der Entstehung eines Hautkrebs.

> **Gefahr für den Menschen**
>
> – Keine –

6. HAUTTUMOREN

➤ Ursachen

Über die Ursachen von Hauttumoren bei der Katze kann nur spekuliert werden. Einige auslösende Faktoren wie z. B. UV-Licht bei weißen Katzen, Viruserkrankungen (AIDS, Leukose) sind zwar bekannt; der genaue Zusammenhang mit der Entstehung von Tumoren ist jedoch nicht eindeutig geklärt. Eine Beteiligung des Immunsystems am Entstehen bösartiger Geschwulste wird heute jedoch nicht mehr bezweifelt.

➤ Verlauf

Hauttumoren kommen bei Katzen sehr häufig vor und sind im

HAUTERKRANKUNGEN

Vergleich zu Hautgeschwulsten bei anderen Haustieren zu einem größeren Prozentsatz bösartig. Betroffen können alle Hautschichten und Hautanhangsgebilde sein. So finden wir Entartungen der Oberhaut, der Unterhaut, des Fettgewebes, der Haarfollikel, der Muskeln sowie der Gefäße und Nerven in der Haut.

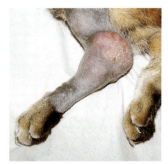

Hauttumoren bei der Katze sind zu einem hohen Prozentsatz bösartig.

▶ Tierärztliche Behandlung

Ob es sich bei einer Hautgeschwulst um einen bösartigen oder gutartigen Prozeß handelt, kann man nur dann mit Sicherheit sagen, wenn sie herausoperiert und von einem Pathologen untersucht wurde. Die Entfernung und Untersuchung von verdächtigen Hautknoten sollte wegen der Gefahr der Metastasierung (Streuung) nicht zu lange hinausgezögert werden. Je frühzeitiger operiert wird, desto größer ist die Chance auf Heilung. Nicht selten verweigern Katzenbesitzer die Operation aus Angst vor Streuung **durch** die Operation. Diese Angst ist nicht berechtigt, denn solange der Tumor, der mit dem Körper durch Blutgefäße ständig in Verbindung steht, im Körper bleibt, so lange besteht die Gefahr der Abwanderung von Tumorzellen über die Blutgefäße in andere Teile des Körpers. Der Tierarzt entfernt den Tumor bei der Operation großflächig, wobei er nach Möglichkeit, um ganz sicher zu sein, daß kein noch so kleiner Anteil des Gewächses im Körper zurückbleibt, bis in umliegendes **gesundes** Gewebe schneidet.

Je frühzeitiger operiert wird bzw. je kleiner der zu entfernende Tumor ist, desto eher ist diese Operationstechnik »Entfernung bis ins gesunde Gewebe« möglich. Ist der Hauttumor sehr klein, kann er eventuell auch ohne Narkose, nur mit örtlicher Betäubung, entfernt werden.

Nach der Operation wird der Tierarzt die körpereige Abwehr des kleinen Patienten stärken. Spezielle Präparate zur Immunstimulanz (Paramunitätsinducer) oder Enzympräparate, die beim Menschen mit bösartigen Tumoren zur Abwehrsteigerung eingesetzt werde, haben sich auch bei der Katze bewährt.

▶ Häusliche Behandlung

Außer der Kontrolle der Wundheilung nach der Operation ist keine häusliche Behandlung bei Hauttumoren erforderlich. Nach 10 Tagen werden in der Regel die Fäden gezogen. Wundheilungsstörungen treten selten auf.

Naturheilkunde

Zur Behandlung von bösartigen Tumoren wird in der anthroposophischen Medizin ein Präparat aus Mistelextrakt (Iscador) angewandt, das das Wachstum von Tumorzellen hemmt und gleichzeitig das Immunsystem stärkt.
Die Therapie mit Iscador kann auch bei Katzen mit bösartigen Geschwulsten angewandt werden.
Zusätzlich helfen **Eigenblutbehandlungen**, die Gabe von **Echinacea**-Präparaten (5–10 Tropfen pro Tag) und Vitamin C (1 Messerspitze täglich ins Futter) sowie 2 Tropfen einer Tinktur aus **Gemeinem Wasserdost** *(Eupatorium cannabium)* der körpereigenen Abwehr, sich gegen Tumorzellen zu wehren und das erneute Auftreten von Hauttumoren (Rezidiv) zu verhindern.

▶ Vorbeugung

Katzen mit weißem Fell sollten nicht zu lange intensiver Sonnenbestrahlung ausgesetzt werden. Wenn die Tiere, was sie gerne tun, auf dem Balkon in der Sonne liegen, sollten sie durch einen Sonnenschirm oder ähnliches geschützt werden. Da durch UV-Strahlen ausgelöster Hautkrebs bei Katzen häufig an den Ohren auftritt, sollten bei Freigängern mit weißen oder hellen Ohren diese im Sommer täglich mit einem Sonnenschutzmittel (mindestens Lichtschutzfaktor 15) eingerieben werden.

Gefahr für den Menschen

– Keine –

ZOONOSEN

Zoonosen sind Krankheiten, die auf natürlichem Weg vom Tier auf den Menschen übertragen werden.

➤ Tollwut

Der Erreger der Tollwut ist ein Virus und wird fast ausschließlich durch den **Biß** eines tollwütigen Tieres übertragen. Der Hauptüberträger der Tollwut in der BRD ist der Fuchs, aber auch eine an Tollwut erkrankte Katze kann, **wenn sie beißt**, den Erreger auf den Menschen übertragen.
Über Schuhe, Kleidung oder andere Gegenstände kann das Virus nicht eingeschleppt werden. Die immer wieder gestellte Frage, ob auch geimpfte Katzen eine Gefahr für den Menschen darstellen, wenn sie z.B. virushaltigen Speichel eines tollwütigen Fuches in ihrem Fell mit nach Hause bringen, kann mit **nein** beantwortet werden.
Die beste Vorbeugung gegen Tollwutgefahr, ausgehend von der eigenen Katze, ist die jährliche Impfung des Tieres (siehe S. 32).

➤ Salmonellose

Salmonellen sind Bakterien, die bei Mensch und Tier u.a. schwere Darminfektionen mit Durchfall und Erbrechen hervorrufen. Die Hauptinfektionsquelle für unsere Katzen ist rohes Geflügelfleisch. Salmonellen können von der Katze durch Lecken, durch Kot oder auch durch mit Kot verschmutzte Gegenstände auf den Menschen übertragen werden. Durchfallerkrankungen bei der Katze gehören daher immer in tierärztliche Behandlung.
Als Alarmzeichen ist zu werten, wenn mehrere Familienmitglieder gleichzeitig an einer Darminfektion leiden. Salmonellen werden mit Antibiotika behandelt. Zur Vorbeugung sollten Sie Geflügelfleisch grundsätzlich nur gut durchgekocht oder durchgebraten verfüttern.

➤ Katzenkratzkrankheit

Es handelt sich hierbei um eine Erkrankung, die durch Kratzen und Beißen vorwiegend von jungen Kätzchen auf den Menschen übertragen wird. Nach einer symptomfreien Zeit von 1–2 Wochen kommt es beim betroffenen Menschen zu schmerzhaften Lymphknotenschwellungen in unmittelbarer Nähe der Kratz- oder Bißwunde.
Es ist bisher nicht gelungen, einen speziellen Erreger für die krankhaften Veränderungen verantwortlich zu machen. Man vermutet, daß neben Bakterien auch Viren und Chlamydien (= Zwischenformen zwischen Bakterien und Viren) am Krankheitsgeschehen beteiligt sind. Biß- und Kratzwunden sind beim Zusammenleben mit Katzen nicht immer zu vermeiden.
Zur Vorbeugung gegen die Katzenkratzkrankheit sollte man auch kleine Wunden sofort gründlich reinigen und desinfizieren.

➤ Toxoplasmose

Die Toxoplasmose ist weltweit verbreitet. Hauptinfektionsquelle für den Menschen ist rohes Schweinefleisch. Aber auch Katzen können den Erreger *Toxoplasma gondii* übertragen.
Die Infektion beim Menschen verläuft meist ohne Symptome. In seltenen Fällen treten grippeähnliche Erscheinungen auf. Lediglich für schwangere Frauen kann der Erreger eine ernsthafte Gefahr darstellen. Bei Frauen, die vor ihrer Schwangerschaft keinen Kontakt mit *Toxoplasma gondii* hatten und sich **während** der Schwangerschaft infizieren, kann es zum Abort oder zu Entwicklungsstörungen des Kindes kommen. Solche serologisch negativen Frauen sollten grundsätzlich kein rohes Schweinefleisch essen und im Zusammenleben mit der Katze einige Vorsichtsmaßnahmen beachten (siehe S. 77).
Bei Frauen, die bereits vor der Schwangerschaft Kontakt mit *Toxoplasma gondii* hatten, besteht keinerlei Gefahr für Mutter und Kind. Etwa 80 % der Bundesbürger hatten bereits Kontakt mit dem Erreger und sind serologisch positiv.
Ob Sie »positiv« oder »negativ« sind, läßt sich durch eine Blutuntersuchung klären.

➤ Mikrosporie

Mikrosporie ist eine Hautpilzerkrankung, die vor allem bei Langhaarkatzen relativ häufig vor-

ZOONOSEN

kommt. Bei den betroffenen Tieren entstehen kahle Stellen an den verschiedensten Körperteilen. Manchmal besteht Juckreiz. Durch Kratzen entwickeln sich dann nässende Ekzeme mit Krusten und Schuppen.
Eine eindeutige Diagnose erfolgt durch die kulturelle Untersuchung von Hautabstrichen sowie von Haaren aus dem Bereich der Hautveränderungen.
In 50 % der Fälle läßt sich die Diagnose auch mit der »Woodschen Lampe« stellen. Diese Lampe liefert ein spezielles UV-Licht, worin die betroffenen Hautpartien grünlich fluoreszieren.
Da Mikrosporie sehr leicht auf den Menschen übertragen werden kann, sollten Katzen mit Hauterkrankungen grundsätzlich auf Vorhandensein des Pilzes untersucht werden. Mikrosporie ist sowohl bei der Katze als auch beim Menschen heilbar. Voraussetzung ist eine konsequent durchgeführte Behandlung (siehe S. 53).

► Echinokokkose

Der **Fuchsbandwurm** *(Echinococcus multilocularis)* ist inzwischen auch in Deutschland verbreitet. Bandwürmer benötigen für ihre Fortpflanzung einen Hauptwirt und einen Zwischenwirt. Hauptwirt des *Echinoccocus multilocularis* ist der Fuchs, Zwischenwirt die Feldmaus.
Im Zwischenwirt kapseln sich die Larven des Bandwurmes in der Muskulatur ein. Wird der Zwischenwirt vom Hauptwirt gefressen (Fuchs frißt Feldmaus), so entwickelt sich im Darm des Hauptwirtes der geschlechtsreife Bandwurm.
Die Eier des Bandwurmes werden über den Kot des Fuchses in die Außenwelt abgegeben und durch die Feldmaus zusammen mit Waldfrüchten und Beeren gefressen, wodurch der Kreislauf geschlossen ist.
Die Gefährdung des Menschen liegt in einem »Irrtum« der Natur, denn er ist ja weder natürlicher Wirt noch Zwischenwirt. Nimmt er jedoch durch den Mund die mikroskopisch kleinen Eier des Parasiten auf, so bilden sich infiltrativ wachsende Zysten vorwiegend in der Leber, aber auch in anderen Organen, die sehr schwer zu behandeln sind.
Katzen fressen in der Regel keine Spitzmäuse, weil sie deren Moschusgeruch abschreckt. Die Hauptinfektionsquelle des Menschen sind daher nicht die Katze sondern ungewaschene Waldfrüchte (z.B. Heidelbeeren, Himbeeren usw.), an denen die mikroskopisch kleinen Eier des Parasiten haften. Zur Sicherheit sollte jedoch bei Freilaufkatzen in Waldgebieten einmal im Monat eine Kotuntersuchung durchgeführt werden.
Werden Wurmeier festgestellt (und nur dann!) muß mit einem speziell gegen *Echinoccocus multilocularis* wirksamen Medikament entwurmt werden (siehe S. 75).

► Spulwürmer

Infektionen des Menschen mit dem Katzenspulwurm *(Toxocara cati)* sind selten. Dennoch ist bei Kindern Vorsicht geboten.
Die Larven des Parasiten können sich, wenn auch sehr selten, in den Organen des Menschen einkapseln. Augenveränderungen, Entzündungen der Leber und des Herzens oder neurologische Erscheinungen können auftreten. Jungkatzen sollten daher konsequent entwurmt werden.
Bei erwachsenen Tieren sollte mindestens einmal jährlich eine Kotuntersuchung durchgeführt werden (siehe S. 74).

Unter Verdauung versteht man die Zerkleinerung der Nahrung, den Abbau der Nahrungsbestandteile (Eiweiße, Kohlenhydrate, Fette) in kleinste Teilchen und die Verwendung der Teilchen zum Aufbau körpereigener Substanz sowie zur Energiegewinnung. Viele Organe sind an der Verdauung beteiligt:

1. Zähne
2. Magen
3. Darm
4. Leber
5. Bauchspeicheldrüse

Alle diese Organe können erkranken, was zu Störungen des gesamten Verdauungssystems führt.

Zahnbeläge bilden sich schon nach wenigen Tagen.

1. ZÄHNE

Zahnstein

➤ Ursache

Bei einem großen Teil der in tierärztlichen Praxen routinemäßig untersuchten Katzen werden starke Zahnbeläge und Zahnstein festgestellt. Ursache dafür ist die überwiegende Ernährung mit Weichfutter sowie mangelnde Zahnhygiene. Für den weichen Nahrungsbrei aus der Dose brauchen die Tiere eigentlich keine Zähne. Der Selbstreinigungsprozeß durch Reibung, wie beim Zerkleinern großer Stücke Fleisch oder eines Beutetieres (z.B. Maus) wird durch Dosennahrung nicht in Gang gesetzt. Die Folge davon sind Zahnbeläge. Sie werden als Plaque bezeichnet. Plaque besteht aus Nahrungsresten, abgestorbenen Mundschleimhautzellen sowie Schmutzpartikeln. Bei mikrobiologischen Untersuchungen von Katzenbissen wurden unter anderem Eiterbakterien (Streptokokken, Staphylokokken) im Plaque massenweise nachgewiesen. Durch Einlagerung von Mineralien aus dem Speichel wird der weiche Zahnbelag zu hartem Zahnstein.

➤ Ansteckung

Es besteht keine Ansteckungsgefahr für andere Katzen.

➤ Verlauf

Plaque und Zahnstein sind die Hauptursachen für Zahnfleischentzündungen, Paradontosen und Zahnverluste bei Katzen. Bakterien und die mechanische Reizung durch den harten Zahnstein führen vor allem am Zahnfleischsaum in kurzer Zeit zu Entzündungen (Gingivitis). Durch die Entzündung und Schwellung entstehen Zahnsteintaschen, in die sich weiter Plaque und Zahnstein einlagern. Schwere Paradontosen, die Zerstörung des Zahnhalteapparates und letztlich der Verlust der Zähne sind die Folgen. Während des ganzen Krankheitsverlaufes hat die Katze Schmerzen!

Manche Tiere müssen mit massiv entzündetem Zahnfleisch, eiternden Zahnwurzeln und lockeren Zähnen jahrelang leben, bis sie irgendwann einmal vor Schmerzen die Futteraufnahme ganz einstellen und endlich zum Tierarzt gebracht werden. Dann sind jedoch oft viele der Zähne nicht mehr zu retten und müssen gezogen werden. Durch die über

Jahre bestehenden chronischen Entzündungen des Zahnfleisches wird der gesamte Organismus in Mitleidenschaft gezogen. In die Blutbahn ausgeschwemmte Eiterbakterien aus einem »vergammelten« Gebiß können für **Herz- und Nierenerkrankungen** verantwortliche sein.

eine Narkose. Um das Narkoserisiko zu verringern, sollte bei älteren Tieren über 6 Jahre grundsätzlich vorher eine Blutuntersuchung durchgeführt werden. Latente Leber- und Nierenerkrankungen können damit erkannt und bei der Narkosedosierung berücksichtigt werden. Unter Narkose wird das Gebiß mit Ultraschall gereinigt und jedes Zähnchen maschinell poliert. Das ist ein sehr zeitaufwendiges Verfah-

Zahnstein verursacht Zahnfleischentzündungen und führt zum Verlust der Zähne.

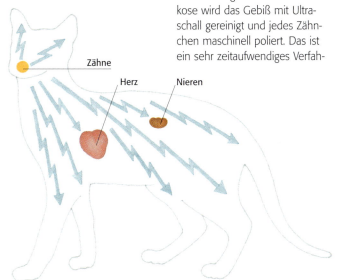

Eine »vergammeltes« Gebiß kann durch Ausschwemmen von Eiterbakterien in die Blutbahn zu Herz- und Nierenerkrankungen führen.

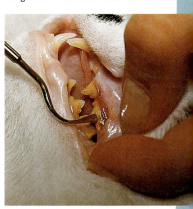

Für eine gründliche Reinigung der Zähne mit Ultraschall ist eine Vollnarkose erforderlich.

▶ Tierärztliche Behandlung

Wird Zahnstein festgestellt (z.B. bei den Routineuntersuchungen zum Impftermin) sollte er so schnell wie möglich entfernt werden, bevor große Schäden entstehen. Bei kooperativen Katzen und wenig Zahnstein kann das während der Sprechstunde ohne Narkose erfolgen. Sehr starke Zahnsteinbildung und widerspenstige Patienten erfordern jedoch ren und nicht ganz billig. Vorbeugemaßnahmen, um die Bildung von Zahnstein von vornherein zu verhindern, lohnen sich daher nicht nur für das Wohlergehen der Katze sondern auch für den Geldbeutel des Tierbesitzers.

▶ Häusliche Behandlung

Ist Zahnstein erst einmal entstanden, kann der Katzenhalter zu Hause kaum mehr etwas ausrichten.

Die harten Beläge können in der Regel nur mit zahnmedizinischen Werkzeugen sicher entfernt werden. Bei Zahnstein ist daher ein Tierarztbesuch unerläßlich.

Naturheilkunde

Präparate aus der Naturheilkunde zur Ablösung von festem Zahnstein sind nicht bekannt.

➤ Vorbeugung

Das Fleischfressergebiß der Katze verfügt über einen besonders guten Selbstreinigungsmechanismus. Zur Selbstreinigung des Katzengebisses bedarf es aber einer artgerechten Ernährung.
Wildlebende Katzen ernähren sich von Beutetieren. Sie müssen zum Zerkleinern der Beute ihre Zähne fordern. Große Futterstücke werden mit den Backenzähnen in schluckgerechte Stücke gebissen. Die Katze legt dazu ihren Kopf etwas seitlich auf das zu zerkleinernde Fleischstück und bewegt den Unterkiefer scherenförmig auf und nieder. Dabei werden die Seitenflächen der Zähne durch Reibung von Belägen befreit. Der nun einsetzende Speichelfluß schwemmt die Beläge weg und reinigt auch die Zahnzwischenräume.
Bei Katzen, die überwiegend von Beutetieren (Mäusen, Vögeln) leben oder das Futter in Form großer Fleischstücke erhalten, erübrigt sich meist eine spezielle, vom Besitzer durchzuführende Zahnpflege. Die Zähne der Katzen, die überwiegend Dosenfutter oder sonstiges kleingeschnittenes und weiches Futter erhalten, müssen regelmäßig geputzt werden. Es ist eigentlich erstaunlich: Durch Radio und Fernsehen wird täglich über die Gefahr von Plaque bei jeder Zahnpastawerbung aufgeklärt. Mindestens zweimaliges Zähneputzen am Tag ist für jeden von uns selbstverständlich. Zahnhygiene bei Katzen erscheint vielen jedoch so ungewöhnlich, daß sie darüber nur kopfschüttelnd lächeln, wenn sie von ihrem Tierarzt darauf hingewiesen werden.
Die Zivilisation mit ihren Schäden hat jedoch auch unsere Haustiere erreicht und fordert Maßnahmen zur Gesunderhaltung. Mindestens zweimal in der Woche sollten vor allem Wohnungskatzen ohne Beutefangmöglichkeit die Zähne geputzt werden; bei reiner Dosenernährung täglich.
Dazu gibt es beim Tierarzt spezielle Zahnpasta in verschiedenen Geschmacksrichtungen, die von der Katze abgeschluckt werden kann.
Beginnen Sie das **Zähneputzen** schon bei ganz kleinen Kätzchen, damit diese spielerisch lernen, daß die Prozedur wie die Fellpflege einfach dazugehört. Legen Sie zum Zähneputzen die Hand um den Kopf der Katze und schließen Sie ihr den Mund, indem Sie den Unterkiefer mit den Fingern nach oben drücken. Ziehen Sie die Lefze der Katze mit dem Daumen hoch und schieben Sie die feuchte, mit Zahnpasta behaftete Bürste zwischen Backen und Zähne. Bürsten Sie die Außenseite der Backenzähne besonders gründlich. Hier sind die Hauptansatzstellen von Plaque.
Abgesehen davon, daß **Trockenfutter** zu verschiedenen Gesundheitsproblemen führen kann (siehe Ernährung, S. 17), eignet es sich **nicht**, wie häufig behauptet, zur Vorbeugung gegen die Bildung von Zahnstein. Die harten Stückchen werden von der Katze nur einmal mit den Backenzähnen geknackt oder ganz heruntergeschluckt. Die Selbstreinigung der Zähne wird dadurch nicht angeregt, der Zahnbelag nicht abgerieben.

Gefahr für den Menschen

Katzenbisse mit zahnsteinbehafteten Zähnen führen häufiger zu schweren Wundinfektionen als Bisse von Katzen mit sauberen Zähnen, da sich im Zahnbelag und Zahnstein massenhaft Eiterbakterien befinden.

Zahnfleischentzündung

➤ Ursachen

Häufigste Ursache von Zahnfleischentzündungen (Gingivitis) ist, wie im vorherigen Kapitel beschrieben, der Zahnstein. Die am Zahnstein haftenden Bakterien (vor allem Eiterbakterien) und die mechanische Reizung durch den harten Zahnbelag führen am Zahnfleischsaum in kurzer Zeit zu Entzündungen, die sich schnell über das gesamte Zahnfleisch ausdehnen.
Chronische Zahnfleischentzündungen trotz regelmäßiger Zahnhygiene und sauberer Zähne deuten auf eine Störung der Immunabwehr hin. Häufig stehen

VERDAUUNGSTRAKT

sie auch im Zusammenhang mit Viruserkrankungen (Leukose, FIP) und Nierenfunktionsstörungen. In diesen Fällen wird nicht selten eine Ausdehung der Entzündungen bis in den Rachen der kleinen Patienten beobachtet.

▶ Ansteckung

Zahnfleischentzündungen an sich werden nicht von einer Katze auf die andere übertragen. Wenn jedoch eine Viruserkrankung der Gingivitis zugrunde liegt, kann diese für andere Katzen anstekkend sein und dort eventuell ebenfalls Zahnfleischentzündungen hervorrufen.

▶ Verlauf

Die Entzündungen am Zahnfleisch und im Rachen sind für die betroffenen Katzen sehr schmerzhaft. Der aufmerksame Tierbesitzer bemerkt zunächst nur, daß das Spielverhalten seiner Katze anders ist. So zum Beispiel kann es sein, daß sie die Spielzeugmaus nicht mehr, so wie sonst, im Mund herumträgt. Im späteren Verlauf kann man dann schon deutlich erkennen, daß Schmerzen dem veränderten Verhalten zugrunde liegen. Die Katze hat sichtlich Hunger, schreckt aber vor dem Fressen immer wieder zurück, schreit bei der Futteraufnahme kläglich oder verweigert das Futter vollständig. Häufig duldet sie die Berührung am Kopf nur ungern und wehrt sich mit allen ihr zur Verfügung stehenden Waffen dagegen, daß

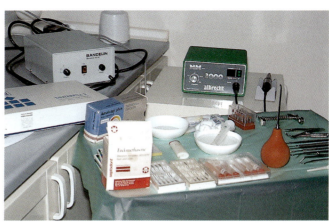

Es gibt Tierärzte mit spezieller Ausbildung auf dem Gebiet der Zahnheilkunde.

man ihr in den Mund schaut. Gelingt dies doch, sieht man die extrem gerötete und häufig blutende Gingiva.

▶ Tierärztliche Behandlung

Ist lediglich Zahnstein die Ursache des Problems, so hilft die gründliche Säuberung des Gebisses mit Ultraschall. Der Tierarzt wird danach jeden Zahn einzeln polieren und das Zahnfleisch mit einer entzündungshemmenden Salbe einreiben.
Bei chronischen Zahnfleischentzündungen ohne sichtbaren Zahnstein, sollte immer eine Blutuntersuchung zur Abklärung der Ursache durchgeführt werden, um dann die Grunderkrankung behandeln zu können.
Ist keine nachweisbare Krankheit Ursache der Zahnfleischentzündung, kann man einen Immundefekt vermuten. Hier helfen Depot-Kortison-Präparate, Hormonbehandlungen oder in ganz

ausgeprägten Fällen die Entfernung aller Zähne. Welche der Behandlungmethoden in Frage kommt, wird der Tierarzt je nach Einzelfall entscheiden. Obwohl es sich für den Tierbesitzer zunächst sehr drastisch anhört, kann man das Entfernen aller Zähne bei immer wiederkehrenden Zahnfleischentzündungen sehr empfehlen.
Es ist wunderbar mit anzusehen, wie die Lebensfreude der vorher arg mit Schmerzen geplagten Katzen wiederkommt. Da der Kiefer nach Entfernen der Zähne nach kurzer Zeit sehr hart wird, können diese Tiere auch größere Fleischbrocken fressen. Freilaufkatzen erlegen nach eigener Beobachtung sogar Mäuse vollkommen ohne Zähne!

▶ Häusliche Behandlung

Chronische Zahnfleischentzündungen können zu Hause mit entzündungehemmenden Salben

Naturheilkunde

Eichenrinden-Abkochungen oder **Salbeitee** können zum Einreiben des Zahnfleisches verwendet werden.
Neben der entzündungshemmenden Eigenschaften wirken diese Substanzen adstringierend und leicht schmerzlindernd.
Eichenrinde wird 20 Minuten in Wasser gekocht und abgeseiht.
Salbei sollten Sie mit heißem Wasser übergießen und dann 10 Minuten ziehen lassen. Zum Auftragen der abgekühlten Arzneiherstellung auf das Zahnfleisch, empfiehlt es sich einen weichen Wattebausch zu verwenden.
Zahnfleischpinselungen mit Tinkturen aus **Blutwurz, Arnika** und **Myrrhe** haben sich bei chronischen Entzündungen in der Mundhöhle bewährt. Der Apotheker kann sie Ihnen nach folgenden Rezepten herstellen:
Rp.
Tinct. Tormentillae
Tinct. Arnicae aa 20,0
oder **Rp.**
Tinct. Tormentillae
Tinct. Myrrhae aa 20,0

(beim Tierarzt erhältlich) eingerieben werden. Ohne zusätzliche Injektionen reichen solche Salben jedoch meist nicht aus, den Tieren die Schmerzen zu nehmen.

➤ Vorbeugung

Die Bildung von Zahnstein und damit die Entstehung von Zahnfleischentzündungen aufgrund dieser Ursache können Sie durch regelmäßige Zahnhygiene verhindern. Zweimal in der Woche Zähneputzen und die Umstellung auf Frischfleischfütterung halten das Gebiß der Katze sauber. Gegen Zahnfleisch- und Rachenentzündungen, die durch Immundefekte, Viruserkrankungen oder Nierenfunktionsstörungen verursacht werden, kann man leider nicht vorbeugen.

Gefahr für den Menschen
– Keine –

Neck lesions

➤ Ursachen

Die Entstehungsursachen für Neck lesions (Zahnlöcher) sind trotz intensiver Forschung auf diesem Gebiet bisher nicht vollständig geklärt.
Es wird ein Zusammenspiel zwischen immunschwächenden Faktoren, Fehl- und Mangelernährung (z.B. Kalzium/Phosphor-Ungleichgewicht vor allem in der Wachstumsphase) sowie Folgen ungenügender Zahnhygiene (Plaque und Zahnstein) vermutet.
Obwohl es sich aus medizinischer Sicht um keine echte Karies handelt, wird vielfach von **Katzenkaries** gesprochen, denn die Folgen dieser Zahnerkrankung bei der Katze sind nicht weniger verheerend wie von Karies beim Menschen.

➤ Ansteckung

Neck lesions sind nicht ansteckend.

➤ Verlauf

Es entwickeln sich, meist an den Außenflächen der Backen- und Eckzähne am Zahnfleischrand kraterförmige Löcher (Neck lesions), die bis in die Pulpa (Nerven- und Gefäßteil des Zahnes) reichen. Solche Läsionen sind für die betroffenen Kätzchen äußerst schmerzhaft, denn der Zahnnerv liegt offen. Schon leichte Berührungen mit einer Sonde veranlaßt die Patienten zu massiven Abwehrreaktionen.

Abgebrochene Zähne müssen zahnmedizinisch versorgt werden.

Neck lesions sind, wenn einmal aufgetreten, fortschreitend. Nach und nach werden die erkrankten Zähne regelrecht »aufgefressen«. Oft brechen sie am Zahnfleischrand ab. Die im Kiefer verbleibenden Wurzelreste führen dann zu, ebenfalls sehr schmerzhaften, eitrig-entzündlichen Zahnfleisch- und Kieferknochenerkrankungen.

➤ Tierärztliche Behandlung

Vor ein paar Jahren wurde empfohlen Zähne, mit noch nicht bis

VERDAUUNGSTRAKT 69

Eine Krone aus Gold ist Luxus.

1,5–2:1. Im Fleisch ist relativ viel Phosphor und wenig Kalzium enthalten. Knochen dagegen enthalten viel Kalzium und weniger Phosphor. Wenn die Katze eine Maus oder einen Vogel samt Knochen frißt, nimmt sie die Mineralstoffe im richtigen Verhältnis zueinander auf. Füttern Sie dagegen vorwiegend Fleisch, entsteht auf Dauer Kalziummangel. Geben Sie daher zu Fleisch Nahrungsmittel mit hohem Kalziumanteil wie z.B. Milchprodukte, Knochen (gekochte Hühnerhälse und Kalbsknochen), Knochenfuttermehl oder ein Kalziumpräparat vom Tierarzt. Als Berechnungsgrundlage gilt: 100 g Fleisch müssen 0,5 g Kalzium zugesetzt werden.

zum Zahnnerv »offenen« Neck lesions zu präparieren und mit Spezialfüllungen zu verschließen. Das hat sich nicht bewährt. Die betroffenen Zähne lösten sich unter den Füllungen weiter auf, was die Vermutung, daß es sich um eine Autoimmunerkrankung handelt, verstärkte. Heute sind die auf Zahnheilkunde spezialisierten Tierärzte dazu übergegangen, alle von Neck lesions betroffenen Zähne zu ziehen. Damit werden der Katze langfristig viele Schmerzen erspart.
Noch nicht betroffene Nachbarzähne werden mit Fluorlack versiegelt. Dadurch wird der Zahnschmelz gehärtet. Man hofft, damit der zahnzerstörenden Erkrankung entgegenzuwirken.

▶ Häusliche Behandlung

Bei Katzen, die bereits an Neck lesions erkrankt sind, sollten die nicht befallenen Zähne möglichst täglich geputzt werden. Einreibungen mit Chlorhexidin-haltiger Haftcreme verhindern zusätzlich die Bildung von Zahnplaque.
Da, wie bereits erwähnt, ein Kalzium/Phosphor-Ungleichgewicht bei der Fütterung als eine der Entstehungsursachen für Neck lesions vermutet wird, sollte bei der Zusammenstellung der Nahrung darauf ein besonderes Augenmerk gelegt werden. Das optimale Verhältnis von Kalzium zu Phosphor in der Nahrung beträgt bei erwachsenen Katzen 1:1 und bei wachsenden Katzen

Naturheilkunde

Neben dem Kalzium/Phosphor-Mißverhältnis in der Nahrung wird als Entstehungsursache eine Immunschwäche vermutet.
Hier können Präparate aus der Naturheilkunde zur Steigerung der körpereigenen Abwehrkräfte wie **Roter Sonnenhut** *(Echinacea purpura)*, **Gemeiner Wasserdorst** *(Eupatorium cannabium)* und medizinische **Hefen** (Getrocknete Bierhefe, Faex medicinalis DAB 6) eingesetzt werden.
Echinacea-Fertigpräparate gibt es beim Tierarzt in Tropfenform. Als Langzeittherapie genügen 5 Tropfen pro Tag. Medizinische Hefen erhalten Sie in jeder Apotheke.
Eine Tinktur aus *Eupatorium cannabium* wird der Katze jeden 2. Tag (2 Tropfen) verabreicht.

➤ Vorbeugung

Bei jeder Routineuntersuchung (z.B. beim Impftermin) sollte das Gebiß der Katze auf Neck lesions untersucht werden. Befallene Zähne sollten dann, wenn der Nerv offen liegt, baldmöglichst gezogen werden, um der Katze Zahnschmerzen zu ersparen. Noch nicht befallene Zähne werden mit Fluorlack eingerieben, um den Zahnschmelz zu härten.

Gefahr für den Menschen
– Keine –

2. MAGEN

Erbrechen

➤ Ursachen

Erbrechen ist ein Symptom verschiedenster Erkrankungen. Obwohl der Magen an dem Vorgang selbst hauptsächlich beteiligt ist, muß er nicht unbedingt Sitz der zum Erbrechen führenden Erkrankung sein. Auch bei akuten Infektionskrankheiten (z.B. Katzenseuche), bei Organerkrankungen (Herz, Leber, Niere, Bauchspeicheldrüse), bei Vergiftungen, bei Störungen des Gleichgewichtsorgans (z.B. Innenohrerkrankungen, Reisekrankheit) oder der Gehirnfunktion wird erbrochen. Futtermittel-Allergien zeigen sich sowohl in Hautveränderungen und Juckreiz als auch häufig durch Erbrechen. Bei Erkrankungen des Magen-Darm-Traktes ist Erbrechen ein Leitsymptom. Besonders sensible Katzen erbrechen manchmal aus psychischen Gründen.

Ein- bis zweimal in der Woche würgen Katzen in der Regel die Haare, die durch die Körperpflege in den Magen gelangen, wieder aus. Durch Aufnahme von grobfaserigem Gras wird diese nicht krankhafte Selbstreinigung des Verdauungstraktes unterstützt.

➤ Ansteckung

Der Vorgang des Erbrechens selbst ist nicht ansteckend. Liegt dem Erbrechen jedoch eine Infektionskrankheit zugrunde, kann diese auf andere Katzen übertragen werden und dort ebenfalls Erbrechen auslösen.

➤ Verlauf

Meist verkriechen sich die Tiere, wenn sie sich übergeben. Durch pumpende Bewegungen, wobei der gesamte Körper mitbeteiligt zu sein scheint, wird der Mageninhalt herausgeschleudert. Durch das ständige Herauswürgen von Nahrung und Magensaft gehen dem Körper lebenswichtige Stoffe (Wasser, Elektrolyte) in großer Menge verloren. Bei sehr häufigem Erbrechen besteht, vor allem bei geschwächten Tieren, die Gefahr eines akuten Herz-Kreislauf-Versagens. Durch anhaltenden Würgereiz tritt Darminhalt aus dem Dünndarm (Duodenum) in den leeren Magen über. Aggressive Verdauungsenzyme sowie Gallenflüssigkeit aus dem Darmtrakt reizen die Magenschleimhaut. Die nun erbrochene Flüssigkeit ist gelblich und übelriechend.

➤ Tierärztliche Behandlung

Katzen, die häufiger als zweimal in der Woche erbrechen, sollten einem Tierarzt zur Generaluntersuchung vorgestellt werden. Es können Blut- und Kotuntersuchungen, Röntgenaufnahmen (eventuell nach Eingabe eines Kontrastmittels) oder sogar eine Magenspiegelung erforderlich sein, um der Ursache des Symptoms Erbrechen auf die Spur zu kommen. Bei großen Wasser- und Elektrolytverlusten sorgen Infusionen für die Kreislaufstabilität. Medikamente, die den Würgereiz durch Wirkung auf das Brechzentrum im Gehirn unterdrücken, lindern die Beschwerden der Patienten. Sie bekämpfen allerdings nicht die Ursache und sind daher nur als Begleittherapie zu werten.

➤ Häusliche Behandlung

Die häusliche Behandlung richtet sich nach der Ursache des Erbrechens. Neben der Gabe von Elektrolytlösungen (beim Tierarzt erhältlich) zur Stabilisierung des Kreislaufes sollte das Tier eine leicht verdauliche Diätnahrung bis zum Abklingen des Symptoms erhalten. Um den Magen nicht zu belasten, wird das Futter über den Tag auf 4–5 Mahlzeiten verteilt.

VERDAUUNGSTRAKT 71

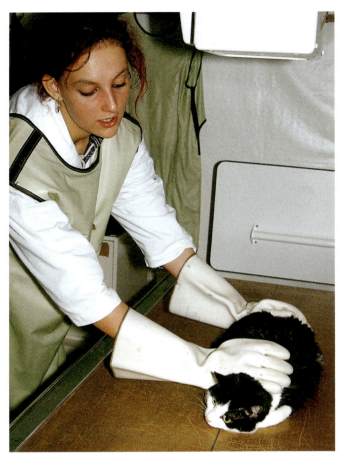

Bei häufigem Erbrechen ist eine Röntgenaufnahme zur Abklärung der Ursache erforderlich.

Naturheilkunde

Melisse *(Melissa officinalis)* wirkt krampfstillend und beruhigend. Für die Katze eignet sich die Zubereitung der Heilpflanze als Tee. 2 Teelöffel Melisse werden mit 1 Tasse kochendem Wasser übergossen und 10 Minuten ziehen gelassen. Danach werden die Melissenblätter abgeseiht.
Nach Abkühlung wird der Tee über den Tag verteilt der Katze in kleinen Mengen direkt in die Mundhöhle eingegeben.

Pilobezoare und andere Fremdkörper

➤ Vorbeugung

Katzen, die zu häufigem Erbrechen neigen, sollten grundsätzlich ihre Futterration auf dreimal täglich verteilt erhalten, um den Magen nicht zu überladen. Das Futter darf nicht direkt aus dem Kühlschrank gegeben werden. Achten Sie darauf, daß Ihre Katze streßfrei fressen kann und nicht gezwungen ist, das Futter schnell in sich hineinzuschlingen. Da das Symptom Erbrechen vielfältige Ursachen haben kann, ist die regelmäßige Gesundheitskontrolle durch den Tierarzt (ein- bis zweimal im Jahr) die beste Vorbeugung.

Gefahr für den Menschen

– Keine –

➤ Ursachen

Katzen sind sehr reinlich. Einen großen Teil des Tages verbringen diese Tiere mit der Körperpflege. Dadurch werden ständig lose Haare aus dem Fell abgeschluckt. Solange die Haare über den Darmkanal (Kot) oder durch Erbrechen wieder ausgeschieden werden, bleibt das Abschlucken ohne Folgen. Bei verstärktem Haarausfall (z.B. bei fieberhaften Erkrankungen oder in Zeiten des Fellwechsels) gelangen vermehrt Haare in den Magen-Darm-Trakt. Diese können sich zusammenballen und wie ein Fremdkörper die empfindliche Schleimhaut reizen. In der tiermedizinischen Fachsprache werden die haarigen Fremdkörper **Pilobezoare** genannt.
Andere Fremdkörper findet man vorwiegend bei jungen, verspiel-

ten Katzen. Besonders gefährlich ist das Spiel mit Nähnadeln oder mit Spielzeug aus hartem Material, welches in scharfe Stückchen zerknabbert und abgeschluckt werden kann. Auch Knochensplitter (z.B. Hühnerknochen) können kleinen Katzen das Leben kosten, wenn sie sich in die Magenwand einspießen.

▸ Ansteckung

Es besteht keine Ansteckungsgefahr für andere Katzen und Haustiere.

▸ Verlauf

Die im Magen befindlichen Fremdkörper führen durch ständige Reizung der Schleimhaut zu verstärkter Bildung von Salzsäure und Pepsin (eiweißverdauendes Enzym). Es entsteht nach kurzer Zeit eine **akute Magenschleimhautentzündung** mit Appetitlosigkeit und Erbrechen. Verbleiben die Haare oder andere Fremdkörper länger im Magen, können auch Geschwüre entstehen. Die Pilobezoare werden manchmal so groß, daß sie den Magenausgang verstopfen, wodurch eine lebensbedrohliche Notfallsituation entsteht.

▸ Tierärztliche Behandlung

Fremdkörper lassen sich im Röntgenbild meist gut erkennen. Manchmal ist jedoch die Eingabe eines Kontrastmittels zur genauen Diagnose erforderlich. Pilobezoare oder andere Fremdkörper müssen baldmöglichst aus dem

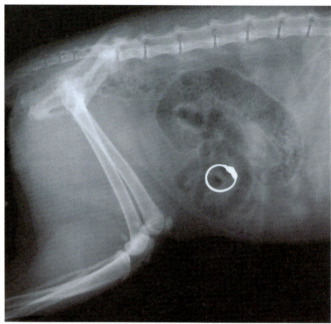

Verschluckte Gegenstände, wie dieser Ring im Röntgenbild, können zu lebensgefährlichem Darmverschluß führen.

Magen-Darm-Trakt entfernt werden. Das kann, je nach Art und Lage des Fremdkörpers durch medikamentös ausgelöstes Erbrechen oder durch eine in Narkose durchgeführte Operation erfolgen. Spitze Gegenstände müssen meist herausoperiert werden.
Beim Auslösen von Erbrechen könnte z.B. eine verschluckte Nähnadel in der Speiseröhre schwere Schäden anrichten. Manchmal gelingt es auch dem Tierarzt, den Fremdkörper unter »Durchleuchtung« mit einer über die Speiseröhre in den Magen eingeführten Fremdkörperzange zu entfernen. Welche Methode angewandt werden muß, entscheidet letztlich der Tierarzt aufgrund seiner Erfahrung und der ihm zur Verfügung stehenden technischen Mittel.

▸ Häusliche Behandlung

Besteht der Verdacht, daß sich Haarballen im Magen der Katze befinden (Erbrechen von Futter oder weißem Schleim), kann der Tierbesitzer durch tägliche Verabreichung einer doppelten Portion Malzpaste versuchen, diese über den Darmtrakt zu entfernen. Wenn sich jedoch das Allgemeinbefinden der Katze verschlechtert oder nicht innerhalb 2 Tagen verbessert, sollte unbedingt ein Tierarzt aufgesucht werden. Längeres Abwarten wäre zu gefährlich.

VERDAUUNGSTRAKT

Naturheilkunde

Ananassaft hat wegen seines Gehaltes an Enzymen die Eigenschaft, Haarballen im Magen-Darm-Trakt aufzulösen. Bei kooperativen Katzen kann die Eingabe von 5–10 ml Ananassaft pro Tag helfen, kleinere Pilobezoare aus dem Magen zu entfernen. Besteht jedoch bereits eine akute Magenschleimhautentzündung, sollte Ananassaft nicht verabreicht werden, da er zusätzliche Reizung verursacht.

Zur Beruhigung der angegriffenen Magenschleimhaut dient **Süßholzabsud**. Dazu werden Süßholzwurzeln in kaltem Wasser angesetzt und ca. 1/2 Stunde gekocht. Nach Abkühlen der Flüssigkeit werden die Wurzeln abgeseiht und der Katze über den Tag verteilt insgesamt ca. 5 ml direkt in die Mundhöhle eingegeben. Süßholz darf nicht bei herzkranken Katzen mit Wasserstau angewandt werden, da es die Wassereinlagerung im Gewebe fördert.

Warnung: Die Anwendung dieser Naturheilmittel bei Magenreizung ersetzt nicht den Gang zum Tierarzt, um die Ursache abzuklären! Fremdkörper im Magen-Darm-Bereich können, wenn sie nicht rechtzeitig entfernt werden, der Katze das Leben kosten.

Malzpaste zur Entfernung von Haarballen schmeckt den meisten Katzen.

▸ Vorbeugung

Vorbeugend gegen die Bildung von Pilobezoaren helfen, vor allem in Zeiten erhöhten Haarausfalls, **zusätzlich** neben dem angebotenen Gras verabreichte Malzpasten.

Sie führen leicht ab und verstärken die Ausscheidung verschluckter Haare mit dem Kot.

Malzpasten werden von verschiedenen Firmen angeboten und von Katzen gerne angenommen. Sollten die Tiere sie nicht freiwillig vom Finger abschlecken, kann man eine bohnengroße Menge einfach irgendwo im Fell verteilen. Die reinlichen Tiere schlekken sie sich dann bei der Fellpflege weg.

Junge Kätzchen sollten nur ausgesucht katzenfreundliches Spielzeug erhalten. Spitze Gegenstände sind gefährlich und müssen, ähnlich wie beim Kleinkind, unter Verschluß gehalten werden.

Daß keine splitternden Knochen (z.B. Röhrenknochen) verfüttert werden dürfen, ist sicherlich für jeden Katzenfreund selbstverständlich.

Gefahr für den Menschen
– Keine –

3. DARM

Würmer

▸ Erreger

Bandwürmer benötigen zu ihrer Entwicklung immer mindestens einen Zwischenwirt. Zwischenwirte für Bandwürmer können Insekten (Flöhe), Reptilien, Nagetiere (Mäuse, Ratten usw.) oder landwirtschaftliche Nutztiere sein. In der Muskulatur dieser Tiere sitzt die Finne, eine eingekapselte

Zwischenform des Bandwurms. Frißt die Katze eine Maus, wird die Finne im Darm der Katze frei und entwickelt sich zum ausgewachsenen, geschlechtsreifen Bandwurm. Die Endglieder des Wurms enthalten Eier und werden kontinuierlich mit dem Kot ausgeschieden. Werden die Bandwurmeier (sie sind mikroskopisch klein) von Mäusen oder anderen Nagetieren über mit Katzenkot verschmutzes Getreide oder mit Samen aufgenommen, so entwickelt sich in deren Muskulatur erneut eine Finne. Damit ist der Kreislauf geschlossen.

Spulwürmer findet man bei massivem Befall auch im Kot.

Spulwürmer benötigen zu Ihrer Entwicklung keinen Zwischenwirt. Nach Aufnahme von Spulwurmeiern schlüpfen die Larven des Parasiten im Dünndarm der Katze. Sie bohren sich durch die Darmwand und gelangen über die Blutgefäße zum rechten Herzen und von dort über den Lungenkreislauf in die Lunge. Aus der Lunge bewegen sich die Larven aktiv zur Luftröhre. Durch die dadurch entstehende Reizung der Luftröhre muß die Katze husten. Die Larven werden hochgehustet und wieder abgeschluckt. Manchmal würgen die befallenen Kätzchen zum Entsetzen ihrer Besitzer auch schon mal einen Spulwurm aus. Auf dem Fußboden oder Teppichboden sehen sie ähnlich wie Spaghetti aus. Die abgeschluckten, inzwischen zu geschlechtsreifen Würmern entwickelten Parasiten gelangen erneut in den Darm, paaren sich dort und geben ihre Eier über den Kot in die Außenwelt ab. Damit ist der Entwicklungskreislauf geschlossen.
Einige der im Körper wandernden Spulwurmlarven (sie sind zu dieser Zeit noch mikroskopisch klein) kapseln sich in der Muskulatur der Katze ein. Dort bleiben sie manchmal jahrelang liegen, ohne Beschwerden zu verursachen. Bei Hormonveränderungen (Rolligkeit, Trächtigkeit) werden sie wieder aktiv und setzen ihren Wanderweg fort. Ein Teil davon wandert in die Milchdrüse und wird über die Muttermilch auf die Welpen übertragen. Aus diesem Grund sind 99 % aller kleinen Katzen mit Spulwürmern infiziert.
Hakenwürmer haben ebenfalls einen interessanten Entwicklungszyklus. Die Larven schlüpfen in der Außenwelt aus den Eiern und können über die Haut (Pfoten) in den Körper der Katze eindringen. Während eines Wanderweges im Körper, ähnlich wie bei den Spulwürmern, häuten sie sich und erreichen schließlich als geschlechtsreife Würmer den Darm. Ein Teil der Larven wird ebenfalls in der Muskulatur der Katze eingekapselt.

› Ansteckung

Bandwürmer werden nicht direkt von Katze zu Katze übertragen, sondern benötigen immer einen oder mehrere Zwischenwirte. Typische Infektionsquelle für Katzen sind Mäuse und Flöhe. Landwirtschaftliche Nutztiere spielen bei der Bandwurmübertragung auf die Katze heute kaum noch eine Rolle. Durch die tierärztliche Fleischbeschau wird verhindert, daß finnenhaltiges Fleisch in den Verkehr gebracht wird.
Mit **Spulwürmern** kann sich die Katze durch Aufnahme von Spulwurmeiern aus dem Kot infizierter Artgenossen oder über die Muttermilch infizieren.
Hakenwürmer können über die Pfotenhaut und über die Muttermilch in den Körper der Katze gelangen.

› Verlauf

Würmer schädigen die Darmwand und schaffen somit die Voraussetzung zur Ansiedlung krankmachender Keime. Aus diesem Grund entsteht bei Wurmbefall häufig Durchfall.
Würmer nehmen aus dem Nahrungsbrei wichtige Nährstoffe heraus. Struppiges, glanzloses Fell, bei Wurmbefall häufig zu sehen, entsteht durch diesen Nährstoff-

VERDAUUNGSTRAKT

Mäuse sind Zwischenwirte für Bandwürmer.

verlust. Bei massivem Wurmbefall magern die Tiere trotz gutem Appetit stark ab.
Würmer geben ihre Stoffwechselendprodukte in den Darm des Wirtes, in dem sie leben, ab. Diese Stoffwechselprodukte sind giftig und schädigen, wenn sie durch die Darmwand resorbiert werden, die inneren Organe des betroffenen Tieres.

▶ **Tierärztliche Behandlung**

Substanzen, die Würmer abtöten, sind auch für Säugetiere nicht besonders gesund. Vor allem bei Katzen, deren Entgiftungsmechanismus weniger gut ausgebildet ist als bei anderen Tieren, sollten sie nur dann angewandt werden, wenn es tatsächlich notwendig ist. Denn **unnötige Entwurmungen belasten den Organismus** der Katze.
Folgendes Entwurmungsschema hat sich bewährt: Katzenbabys müssen ca. 14 Tage nach dem Absetzen von der Mutter gegen Spul- und Hakenwürmer entwurmt werden. Da die üblichen Wurmpasten die wandernden Larven der Parasiten nicht erreichen, muß die Wurmkur nach 14 Tagen wiederholt werden. Ist die Mutterkatze eine Freigängerin und ist zu erwarten, daß die Katzenbabys bereits von ihr eine Maus mitgebracht bekamen, so ist zusätzlich eine Entwurmung gegen Bandwürmer erforderlich.

Auch die Mutter sollte nach dem Absetzen der Jungen nochmals gegen Spul- und Hakenwürmer behandelt werden.
Sie erinnern sich: Durch die Trächtigkeit werden die in der Muskulatur eingekapselten Larven wieder aktiv.
Bei erwachsenen Katzen, die nur in der Wohnung leben und keinen Kontakt zu Artgenossen haben, ist Wurmbefall sehr selten. Hier genügt es zur Sicherheit einmal im Jahr (beim Impftermin) eine mikroskopische Kotuntersuchung vom Tierarzt durchführen zu lassen. Bei Freilaufkatzen ist eine Infektion vor allem mit Bandwürmern über Mäuse wahrscheinlicher. Hier sollte eine

Kotuntersuchung im Abstand von von 3–6 Monaten durchgeführt werden.

▸ Häusliche Behandlung

Nach Eingabe von Entwurmungspräparaten sterben die im Darm befindlichen Parasiten ab und werden in der Regel verdaut ohne in die Außenwelt zu gelangen. Bei massivem Wurmbefall werden die abgetöteten Würmer sowie noch infektionstüchtige Eier mit dem Kot ausgeschieden. Um nach der Entwurmung eine erneute Infektion durch Kontakt mit den Eiern zu verhindern, sollte die Katzentoilette 1–2 Tage lang nach jedem Kotabsatz vollständig entleert und mit heißem Wasser gereinigt werden.

Naturheilkunde

Pflanzliche Präparate aus der Naturheilkunde gegen Wurmbefall sind für Katzen meist giftig. So z.B. verursacht der Wurmfarn lebensbedrohliche Leberschäden.
Auch Knoblauch, häufig als vermeintlich harmloses Mittel gegen Würmer dem Futter zugesetzt, kann bei der Katze Blutbildveränderungen hervorrufen.
Weitgehend ungefährlich sind **Kürbiskerne**. Der im Samen des Kürbis enthaltene Wirkstoff tötet den Bandwurm nicht ab, sondern lähmt ihn nur. Nach Einnahme von geschroteten Kürbiskernen muß daher der Katze zusätzlich ein Abführmittel (z.B. Rizinusöl) verabreicht werden. Häufig entsteht dadurch Durchfall. Gegen Spul- und Hakenwürmer wirken Kürbiskerne nicht.

▸ Vorbeugung

Eine medikamentöse Vorbeugung wie z.B. eine Impfung gegen Infektionskrankheiten gibt es gegen Wurmbefall nicht. Verschiedene Maßnahmen können jedoch verhindern, daß eine Ansteckung erfolgt:
▸ Schützen Sie Ihre Katze vor Flohbefall (siehe S. 42). Flöhe sind Zwischenwirte von Bandwürmern.
▸ Frieren Sie Fleisch, das Sie Ihrer Katze roh verfüttern wollen, 24 Stunden vorher bei –18°C ein. Eventuell vorhandene Wurmfinnen werden dadurch abgetötet.
▸ Verhindern Sie nach Möglichkeit Kontakte Ihrer Katze mit wurmbefallenen Artgenossen.

Gefahr für den Menschen

Für den Menschen gefährlich ist der Fünfgliedrige Fuchsbandwurm *(Echinococcus multilocularis)*. Wie der Name schon sagt, sind hauptsächlich Füchse als Endwirt damit infiziert. Zwischenwirt ist die Spitzmaus, das Hauptnahrungsmittel des Fuchses. Ganz selten können sich auch Katzen mit dem Fuchsbandwurm anstecken. In der Regel verabscheuen sie jedoch Spitzmäuse wegen des starken Moschusgeruchs dieser kleinen Nager. Der Mensch kann »Fehl-Zwischenwirt« werden, wenn die mikroskopisch kleinen Eier des Bandwurms in seinen Magen-Darm-Trakt gelangen. Vor allem in der Leber, manchmal im Herz oder im Gehirn entwickelt sich dann eine infiltrierend wachsende große Zyste, die Finne des Bandwurms. Solche Zysten sind, wenn überhaupt, nur chirurgisch zu entfernen. Für den betroffenen Menschen besteht Lebensgefahr. Katzen sind relativ selten mit dem Fuchsbandwurm infiziert. Feldmäuse riechen, wie bereits erwähnt, für unsere Samtpfoten unangenehm und werden ungern als Beutetiere gefressen. Hauptinfektionsquelle für Menschen sind ungewaschene Waldfrüchte, auf denen unsichtbar die vom Fuchs mit dem Kot ausgeschiedenen Bandwurmeier haften. Bei Freilaufkatzen in Waldgebieten sollte zur Sicherheit häufiger (einmal im Monat) eine Kotuntersuchung zur Kontrolle durchgeführt werden.
Spulwurmlarven können sich auch beim Menschen nach Kontakt mit Eiern des Parasiten im Körper einkapseln. Bevorzugte Stelle ist dabei das Auge. Allerdings geschieht das so selten, daß man nicht von einer ernsten Gefahr sprechen kann. Die beste Vorbeugung dagegen ist die Einhaltung des Entwurmungsschemas bei Jungkatzen und regelmäßige Kotuntersuchungen auf Wurmbefall bei erwachsenen Katzen.

Toxoplasmose

▸ Erreger

Der Erreger dieser Infektionskrankheit ist ein Parasit: *Toxoplasma gondii*. Fast alle Säugetiere und der Mensch können an Toxoplasmose erkranken. Aber **nur** die Katze scheidet Ei-ähnliche Dauerformen des Parasiten, sogenannte Oozysten mit dem Kot aus. Bei allen anderen Tieren kapseln sich die Erreger in der Muskulatur ab und bilden Zysten.

▸ Ansteckung

Für den Menschen und die Katze gibt es zwei Möglichkeiten, sich mit *Toxoplasma gondii* zu infizieren. Zum einen – und das ist am häufigsten – durch den Verzehr von zystenhaltigem rohen Fleisch (z.B. Hackfleisch, halbdurchgebratene Steaks).
Freilaufende Katzen stecken sich an, wenn sie Mäuse fressen, in deren Muskulatur *Toxoplasma*-Zysten sitzen. Kochen, Braten oder auch Tieffrieren bei –20°C über mehrere Tage tötet die Erreger-Zysten im Fleisch sicher ab.
Eine andere Möglichkeit ist die Infektion durch Toxoplasma-Oozysten aus dem Katzenkot. Heute weiß man jedoch, daß diese Ansteckungsquelle für die Katze und den Menschen eine untergeordnete Rolle spielt. Der Mensch dürfte sich am häufigsten über rohes Schweinefleisch infizieren.

▸ Verlauf

Die meisten erwachsenen Katzen zeigen überhaupt keine Krankheitszeichen. Bei jungen oder geschwächten Tieren kommt es hin und wieder zu Störungen des Allgemeinbefindens mit Appetitlosigkeit und leichtem Fieber. Manchmal sind die Lymphknoten geschwollen. Diese Symptome verschwinden in der Regel nach ein paar Tagen von selbst.

▸ Tierärztliche Behandlung

Ob ein Katze mit *Toxoplasma gondii* infiziert ist, läßt sich anhand von Kotuntersuchungen diagnostizieren. Die Erkrankung ist mit Medikamenten gut zu behandeln. Der Tierarzt verabreicht Sulfonamide, die den Erreger sicher abtöten.

▸ Häusliche Behandlung

Die **tägliche** Säuberung der Katzentoilette ist nicht nur für jeden verantwortungsvollen Katzenfreund eine Selbstverständlichkeit, sie ist auch die beste häusliche Maßnahme gegen eine Neu-Infektion mit *Toxoplasma gondii* aus dem Katzenkot.
Die Ei-ähnlichen Dauerformen des Parasiten (Oozysten) werden nämlich erst innerhalb von 3–4 Tagen in der Außenwelt infektionstüchtig.
Wenn die Katzentoilette täglich ausgeleert wird, kommen die Katze und der Mensch nicht in Berührung mit infektionsfähigen Oozysten.

Die **tägliche** Reinigung der Katzentoilette ist die wirkungsvollste Maßnahme gegen Infektionen mit Toxoplasmen aus dem Katzenkot.

Naturheilkunde

Es gibt keine Präparate aus der Naturheilkunde gegen eine Infektion mit *Toxoplasma gondii*.

▸ Vorbeugung

Verfüttern Sie der Katze nur gekochtes oder gebratenes Fleisch. Rohes Fleisch vorher einfrieren. Reinigen Sie die Katzentoilette täglich. Gegen eine Infektion durch den Verzehr von Mäusen kann man nicht vorbeugen. Allerdings erkrankt eine Katze nach 2–3 Infektionen mit dem Erreger nicht mehr an Toxoplasmose und scheidet auch keine Oozysten mehr aus, so daß sich das Problem bei erwachsenen freilaufenden Katzen kaum noch stellt.

Gefahr für den Menschen

Problematisch ist die Toxoplasmose für die schwangere Frau, die vor ihrer Schwangerschaft keinen Kontakt mit dem Erreger hatte. Infiziert sie sich dann während der Schwangerschaft, kann das zum Abort oder zur Schädigung des Kindes führen. Aber keine Angst! Man kann sich vor Toxoplasmose wirksam schützen:

Zunächst einmal sollte jede Frau vor einer geplanten Schwangerschaft bzw. sofort, wenn sie merkt, daß sie ein Kind erwartet, eine Blutuntersuchung auf Toxoplasmose-Antikörper bei sich durchführen lassen.

Das Ergebnis kann positiv oder negativ sein. Positiv bedeutet, daß sie bereits mit dem Erreger Kontakt hatte und Antikörper im Blut vorhanden sind. In diesem Fall besteht für Mutter und Kind keine Gefahr.

Sie brauchen keinerlei Vorsorgemaßnahmen gegen Toxoplasmose in der Schwangerschaft durchzuführen. Etwa 80 % der Bevölkerung in der BRD ist Antikörper-positiv.

Ein negatives Ergebnis bedeutet, daß vor der Schwangerschaft kein Kontakt mit dem Erreger bestanden hat. Die Frau besitzt keine Antikörper gegen Toxoplasmose.

Nur im negativen Fall, d.h. wenn keine Antikörper vorhanden sind, sollten Sie zum Schutz Ihres Kindes während der Schwangerschaft folgende Punkte beachten:

1. Essen Sie während der gesamten Schwangerschaft kein rohes Fleisch. Meiden Sie vor allem Schweinefleisch in Form von rohem Hackfleisch oder nur halb durchgebratenen Steaks.

2. Bringen Sie Ihre Katze zum Tierarzt. 3 Kotuntersuchungen im Abstand von jeweils 2 Tagen zeigen, ob das Tier Toxoplasma-Oozysten ausscheidet oder nicht. Wenn keine Oozysten im Kot der Katze festgestellt werden und das Tier nur in der Wohnung lebt, brauchen Sie sich weiter keine Sorgen machen. Ihre Katze ist gesund und kann sich in der Wohnung nicht infizieren, vorausgesetzt sie erhält kein rohes Fleisch.

3. Scheidet die Katze jedoch Dauerformen des Parasiten aus, so müssen Sie unbedingt täglich die Katzentoilette völlig ausleeren, mit sehr heißem Wasser säubern und mit frischem Streu auffüllen. Zur Sicherheit empfiehlt es sich, dazu Gummihandschuhe zu verwenden. Vielleicht kann diese Aufgabe auch ein anderes Familienmitglied für Sie übernehmen.

Sie brauchen keine Desinfektionsmittel, um die Katzentoilette zu säubern, heißes Wasser genügt, um die Oozysten abzutöten. Die Ei-ähnlichen Dauerformen des Erregers werden erst innerhalb 3–4 Tagen in der Außenwelt infektionstüchtig. Im frischen Kot enthaltene Oozysten führen noch nicht zur Infektion. Auch im Fell der Katze eventuell haftende Dauerformen werden vor ihrer Reifung durch die den Tieren eigene gründliche Körperpflege weggeputzt.

Sie können also, auch wenn Sie schwanger sind, ohne Gefahr Ihren vierbeinigen Freund streicheln.

4. Eine Toxoplasmose-Infektion bei der Katze kann mit Medikamenten behandelt werden. Aber eigentlich ist das gar nicht nötig, wenn das Tier keine Probleme hat, denn eine an Toxoplasmose erkrankte Katze scheidet in der Regel nur 3–6 Tage lang Oozysten mit dem Kot aus. Nach dieser Zeit ist die Infektion überstanden.

Da sich jedoch freilaufende Katzen an Mäusen mehrmals neuinfizieren können, sollten Sie die genannten Vorsichtsmaßnahmen während der gesamten Schwangerschaft beibehalten.

Eine Blutuntersuchung auf Antikörper gegen Toxoplasmose bei der Katze ist nicht sinnvoll, da sie über eine bestehende Infektion nichts aussagt. 74 % aller Katzen sind Antikörper-positiv, aber nur 0,6 % davon scheiden Oozysten aus.

Ist eine schwangere Frau »Toxoplasmose-positiv«, besteht keine Gefahr.

Durchfall

> **Ursachen**

Durchfall ist keine eigenständige Erkrankung sondern ein Symptom. Die verschiedensten Ursachen können Durchfall hervorrufen: Viren (z.B. Parvoviren, Coronaviren), Bakterien (z.B. Salmonellen), Parasiten (z.B. Würmer), Nahrungsmittelallergien, Leber- und Bauchspeicheldrüsenerkrankungen, Vergiftungen, falsche Ernährung und vieles andere mehr.

> **Ansteckung**

Wenn der Durchfall im Rahmen einer Infektion mit Viren, Bakterien oder Parsiten auftritt, so können diese Krankheitserreger von Katze zu Katze übertragen werden und bei den betroffenen Tieren ebenfalls Durchfall auslösen. Ist der Durchfall ein Symptom einer nicht infektiösen Organerkrankung, so ist er nicht ansteckend.

> **Verlauf**

Von Durchfall spricht man, wenn die Katze ungeformten, breiigen bis wässerigen Kot absetzt. Vor allem bei längerem Krankheitsverlauf ist dem Kot Schleim oder Blut beigemischt. Der After ist durch die ständige Reizung gerötet. Manchmal tritt unwillkürlich tropfenweise Darminhalt aus. Oft leiden die Tiere unter Blähungen und Bauchschmerzen. Bei schweren Durchfällen gehen dem Körper große Mengen an Wasser und Elektrolyten verloren. Die Patienten trocknen aus. Es besteht vor allem bei Katzenbabys oder geschwächten älteren Tieren Schockgefahr.

> **Tierärztliche Behandlung**

Die Behandlung richtet sich nach der Grundkrankheit. Durch bakteriologische und parasitologische Kotuntersuchungen, durch Blutuntersuchungen und Röntgen versucht der Tierarzt die eigentliche Ursache zu ermitteln, um dann gezielt behandeln zu können. Gleichzeitig wird er die Beschwerden des kleinen Patienten durch entsprechende Medikamente lindern und, bei besonders geschwächten Tieren, den Kreislauf durch Infusionen stützen.

> **Häusliche Behandlung**

Bei leichtem Durchfall empfiehlt es sich, einen Tag auf jegliche Fütterung zu verzichten. Wasser muß der Katze immer in ausreichender Menge zur Verfügung stehen, um den Flüssigkeitsverlust auszugleichen. Danach wird eine Diät aus 2/3 weichgekochtem Reis (kein Vollkornreis!) und 1/3 Hüttenkäse oder Magerquark über mehrere Tage verabreicht. Manche Katzen verweigern diese Diät. In diesen Fällen bietet sich gekochtes weißes Hühnerfleisch (keine fetten Teile oder Haut), mehrmals täglich in kleinen Portionen verfüttert, als Alternative an. Oft reguliert sich die Darmfunktion allein durch diese Diätmaßnahmen.

Wenn der Durchfall jedoch länger als 2 Tage andauert und Symptome wie Erbrechen und Apathie hinzukommen, sollten Sie ohne weitere Wartezeit einen Tierarzt aufsuchen. Auch Durchfälle, die nach kurzzeitiger Besserung immer wieder neu auftreten, erfordern eine gründliche tierärztliche Untersuchung, um den Ursachen auf die Spur zu kommen.

Geben Sie Ihrer Katze niemals Kohlepräparate ohne ausdrückliche Verordnung durch den Tierarzt. Durchfall ist eine Schutzreaktion des Körpers, um krankmachende Keime aus dem Darm herauszuschleusen. Durch Kohle oder andere stopfende Mittel werden die Krankheitserreger im Darm zurückgehalten, können in den Körperkreislauf übertreten und zu schweren Allgemeinerkrankungen führen. Den Kot eindickende Medikamente ohne keimtötende Wirkung wie z.B. Kohle dürfen nur dann verabreicht werden, wenn durch eine bakteriologische Stuhluntersuchung gesichert ist, daß es sich nicht um eine durch Bakterien ausgelöste Darmerkrankung handelt.

Verabreichen Sie niemals einer Katze ohne tierärztlichen Auftrag Medikamente aus der Humanmedizin. Viele für Menschen völlig ungefährliche Präparate, können Katzen das Leben kosten.

> **Vorbeugung**

Neben den selbstverständlichen Dingen wie das Füttern immer frischer, unverdorbener Nahrung und regelmäßiger Gesundheitsvorsorge (Impfungen, Stuhluntersuchungen auf Parasiten usw.) kann man gegen Durchfall nicht vorbeugen.

Gefahr für den Menschen

Außer bei massivem Spulwurmbefall oder einer Infektion mit menschenpathogenen Keimen (z.B. Salmonellen) besteht keine Gefahr für den Menschen.
Zur Sicherheit sollte jedoch bei anhaltendem Durchfall nach spätestens 2 Tagen ein Tierarzt mit der Suche nach der Ursache beauftragt werden.

Verstopfung

> **Ursachen**

Eine Verstopfung kann wegen Organerkrankungen, Tumoren, eines Fremdkörpers, Nervenerkrankungen, Skelettveränderungen nach Unfällen oder durch falsche Ernährung auftreten. Unter chronischer Verstopfung leiden häufig übergewichtige Katzen mit Bewegungsmangel. Hier verhindert das übermäßige Fettgewebe in der Bauchhöhle die normale Entleerungsfunktion des Darms.

Naturheilkunde

Ein überaus wirksames und völlig harmlose Mittel aus der Naturheilkunde gegen Durchfall ist **lebende Trockenhefe** *(Saccharomyces boulardii)*. In der Apotheke oder bei Ihrem Tierarzt können Sie sie unter dem Namen »Perenterol« kaufen. Eine Stoßtherapie mit 5–8 Kapseln pro Tag stoppt akuten Durchfall in der Regel innerhalb ein paar Stunden. Den Inhalt der Kapseln kann man mit Wasser verdünnt direkt in die Mundhöhle eingeben oder dem Futter untermischen.
Ein Absud aus **Odermennig** *(Agrimonia eupatoria)*, einer alten Heilpflanze, wirkt beruhigend auf den Darm. Die Blätter und Sproßteile (sie erhalten Sie in Apotheken) werden in kaltem Wasser angesetzt und zum Kochen gebracht.
Nach mindestens 20 Minuten Kochzeit wird abgeseiht und die Flüssigkeit abkühlen gelassen.
Geben Sie Ihrer durchfallkranken Katze drei- bis viermal täglich ca. 2 ml direkt in die Mundhöhle oder vermischen Sie den Absud mit dem Futter.

> **Ansteckung**

Darmverstopfung ist nicht ansteckend.

> **Verlauf**

Durch die massive Ansammlung von Kot weitet sich der Dickdarm, verliert seine Elastizität und wird träge. Es entwickelt sich ein Megakolon (erweiterter Dickdarm). Die Peristaltik erlahmt, so daß die betroffenen Katzen keinen Kot mehr absetzen können. Blähungen, Bauchschmerzen, Erbrechen und Appetitlosigkeit sind die Symptome, die den

VERDAUUNGSTRAKT 81

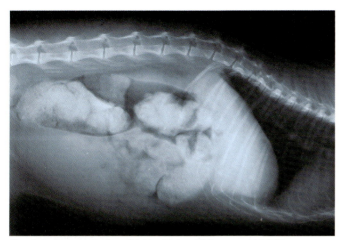

Chronische Darmverstopfung (hier im Röntgenbild) verursacht Schäden an der Darmwand.

Katzenbesitzer zum Tierarzt führen. Ein Megakolon kann durch Übertritt von Giftstoffen aus dem Kot in die Blutbahn, durch starke Kreislaufbelastung aufgrund des enormen Drucks der Kotmassen auf die Organe und eventuell durch Reißen der Darmwand mit Austritt von Kot in die Bauchhöhle zum qualvollen Tod der Katze führen. Verstopfungen, die länger als 3–4 Tage andauern, gehören daher in die Hand eines Tierarztes.

▶ **Tierärztliche Behandlung**

Durch Darmeinläufe und die Darmperistaltik anregende Mittel wird der Tierarzt versuchen, den angesammelten Kot zu entfernen. In fortgeschrittenen Fällen bringt oft nur eine chirurgische Ausräumung des Dickdarms und Verengung des erweiterten Darmkanals Erfolg. Gleichzeitig wird der Tierarzt nach den Entstehungsursachen der Verstopfung forschen, um eine erneute Kotanschoppung zu verhindern.

▶ **Häusliche Behandlung**

Als häusliche Therapie wird die sofortige Umstellung der Ernährung empfohlen. Eine ballaststoffreiche Ernährung (z.B. Eintagsküken), 1/2 bis 1 Teelöffel Milchzucker täglich ins Futter oder ein Schüsselchen Milch verhelfen besonders älteren Katzen zu regelmäßigem Stuhlgang. Viel Bewegung (Jagdspiele mit Wollfäden usw.) und regelmäßige Bauchmassage im Uhrzeigersinn regen die Peristaltik (Darmbewegungen) an.

Geben Sie Ihrer Katze keine Abführmittel aus Ihrer Hausapotheke. Viele Medikamente für den Menschen sind für Katzen giftig. Die Eingabe von Rizinusöl grenzt an Tierquälerei. Diese längst der Vergangenheit angehörende Behandlung chronischer Verstopfung regt den Darm zu

Richtige Ernährung und viel Bewegung beugen Verstopfung vor.

starker Peristaltik an. Ist der Darmkanal durch eingetrockneten Kot oder durch einen Fremdkörper verstopft (Darmverschluß!) kann die Darmwand reißen.

> **Vorbeugung**

Durch artgerechte Haltung (viel Bewegung durch Freilauf, »Katzenbäume« oder »Wollfadenspiele«) und vernünftige Ernährung mit Vermeidung von Übergewicht kann man chronische Verstopfung und damit die Entstehung eines Megakolons verhindern. Vor allem bei älteren Katzen sollten Sie auf die Gabe von Trockenfutter grundsätzlich verzichten. Trockenfutter zieht Flüssigkeit aus dem Darmkanal an und quillt auf. Dadurch verstärkt sich die Gefahr einer Darmverstopfung; eine bestehende Verstopfung verschlimmert sich.

Gefahr für den Menschen
– Keine –

Naturheilkunde
Wegerich-Samen *(Plantago*-Arten) wirkt als Teezubereitung, zusammen mit den Samen getrunken, leicht abführend. Dazu übergießt man 1 Teelöffel Wegerich-Samen mit einer Tasse kochendem Wasser, läßt alles abkühlen und vermischt Flüssigkeit und Samen über den Tag verteilt mit dem Futter. Wegerich-Tee kann man einer zur Verstopfung neigenden Katze auch vorbeugend ein- bis zweimal die Woche verabreichen.

4. LEBER

Leberentzündung

> **Ursachen**

Schwere Leberentzündungen findet man bei der Felinen Infektiösen Peritonitis (FIP), bei Leukose oder nach Vergiftungen (z.B. nach Renovierungen der Wohnung mit lösungsmittelhaltigen Farben und Klebstoffen). Auch Bakterien (Salmonellen) oder Parasiten (Leberegel) können, wenn auch selten zu akuten Leberentzündungen (Hepatitiden) führen.

> **Ansteckung**

Wenn die Leberentzündung im Zusammenhang mit einer Infektionskrankheit auftritt (z.B. FIP) kann diese auf andere Katzen übertragen werden und dort wiederum eine Leberentzündung hervorrufen. Leberentzündungen nach Vergiftungen sind nicht ansteckend.

> **Verlauf**

Die Symptome sind nicht einheitlich, so daß zur Diagnose umfangreiche Untersuchungen erforderlich sind. Neben Appetitlosigkeit, Abmagerung, Erbrechen,

Lösungsmittelhaltige Farben verursachen Leberschäden.

Durchfall, Blähungen, »Gelbsucht« (Gelbfärbung der Haut und Schleimhäute), Blutungen, sowie Bauchwassersucht können auch Funktionsstörungen des Gehirns mit Krämpfen und Gleichgewichtsstörungen bis hin zum Koma auftreten. Zerstörtes Lebergewebe wird durch funktionsloses Narbengewebe ersetzt. In der medizinischen Fachsprache spricht man dann von einer Leberzirrhose. Krankheitszeichen zeigen sich meist erst im fortgeschrittenen Stadium, wenn bereits ein großer Teil des Lebergewebes vernarbt ist. Das ist der Grund, weshalb die Tiere oft erst spät zur Behandlung gebracht werden.

▸ Tierärztliche Behandlung

Durch Bestimmung der Leberwerte im Blut kann der Tierarzt das Ausmaß der Erkrankung beurteilen. Röntgenuntersuchungen geben Aufschluß über sichtbare Veränderungen des Organs (Schrumpfung, Vergrößerung, Tumoren). Die Therapie von Lebererkrankungen ist schwierig und richtet sich nach der Grundkrankheit. Im akuten Stadium erhält die Katze Infusionen und leberzellschützende Medikamente. Welche Medikamente im Einzelfall Anwendung finden, entscheidet der Tierarzt nach Auswertung seiner Untersuchungsergebnisse.

▸ Häusliche Behandlung

Eine spezielle für alle Leberkrankheiten günstige Diät gibt es nicht. Die Futterzusammensetzung muß dem jeweiligen Grad der Organschädigung und den auftretenden Symptomen angepaßt werden. Günstig hat sich aber stets das Verteilen von leicht verdaulichem Futter über den Tag in mehrere kleine Mahlzeiten erwiesen. Dadurch wird die Leber, als das zentrale Verdauungsorgan, nicht zu stark belastet.
Leberkranke Tiere sollten weder körperlichem noch seelischem Streß ausgesetzt werden. Auch Kälte sollte vermieden werden. Freilaufkatzen bleiben in der kalten Jahreszeit nachts am besten zu Hause.

> #### Naturheilkunde
>
> Die **Mariendistel** *(Silybum marianus)* fördert die Regeneration der Leber und wird auch bei Katzen mit Erfolg eingesetzt. Man kann sie als Tee (abgekühlt unter das Futter gemischt) oder als Fertigpräparat (beim Tierarzt oder in der Apotheke erhältlich) verabreichen.

▸ Vorbeugung

Da der körpereigene Entgiftungsmechanismus bei Katzen im Vergleich zu anderen Haustieren weniger gut entwickelt ist, sollten Katzen keinen giftigen Substanzen ausgesetzt werden. Viele Leberschädigungen entstehen durch Einatmen von Lösungsmitteln aus Farben und geklebten Teppichböden. Verwenden Sie daher bei Renovierungsarbeiten in Ihrer Wohnung auch im Interesse Ihrer eigenen Gesundheit lösungsmittelfreie Farben und Klebstoffe.
Die Ernährung mit Frischfutter vermindert das Risiko von Erkrankungen durch chronische Zufuhr von Konservierungs- und Geschmacksstoffen. Regelmäßige Entwurmungen ohne Kontrolle, ob überhaupt Wurmbefall vorliegt, belasten die Leber. Vor einer Entwurmung sollte daher immer eine Kotuntersuchung durchgeführt werden.
Da sich Lebererkankungen oft erst im fortgeschrittenen Stadium durch Symptome zeigen, empfiehlt es sich bei Katzen über 6 Jahren einmal im Jahr eine Blutuntersuchung zur Kontrolle der Organfunktion durchführen zu lassen. So können Erkrankungen der Leber frühzeitig erkannt und behandelt werden.

> #### Gefahr für den Menschen
> – Keine –

Leberverfettung

▸ Ursachen

Die Leberverfettung (Leberlipidose) ist eine Erkrankung der übergewichtigen Katze. Sie hat ihre Ursache in der Ablagerung von Fett im Lebergewebe, wodurch schwere Funktionsstörungen des Organs auftreten. Ausgelöst wird die Erkrankung durch vermehrten Abbau aus Fettdepots des Körpers bei Hungersituationen (z.B. bei anderen appetithemmenden Krankheiten) oder durch Mangel an Insulin (Diabetes mellitus = Zuckerkrankheit). Das dabei im Blut kreisende Fett kann durch die Leber nicht schnell genug verarbeitet werden und lagert sich dort ab.

➤ Ansteckung

Die Leberlipidose wird nicht durch Ansteckung erworben und auch nicht von Katze zu Katze übertragen.

➤ Verlauf

Die Symptome sind, wie bei einer Leberentzündung, nicht einheitlich. Da es sich bei der Leber um das zentrale Verdauungsorgan handelt, ist primär die Verdauung gestört.
Durchfall, Blähungen, Erbrechen, Abmagerung und im Endstadium Funktionsstörungen des Gehirns lassen eine Leberschädigung vermuten.

➤ Tierärztliche Behandlung

Die Therapie richtet sich nach der Grundkrankheit (z.B. Insulingabe bei Diabetes mellitus).
Die Aussicht auf Heilung ist im fortgeschrittenen Stadium jedoch zweifelhaft, da bei Auftreten der Symptome oft schon eine schwere Leberschädigung besteht. Eine Intensivbehandlung der erkrankten Kätzchen mit Infusionen und leberzellschützenden Medikamenten ist auf jeden Fall erforderlich, denn es besteht akute Lebensgefahr.

➤ Häusliche Behandlung

Zu Hause muß der Besitzer ganz genau darauf achten, daß die krankte Katze Nahrung aufnimmt, um weiteres Abnehmen und damit Abbau von Fett zu verhindern. Wenn die Katze nicht freiwillig frißt, sollte sie auf jeden Fall zwangsgefüttert werden. Spezielle flüssige Sondennahrung (beim Tierarzt erhältlich), Babynahrung aus Gläschen oder selbst im Mixer zubereitete Kost kann dazu mit einer Spritze aufgezogen und der Katze in die Mundhöhle gegeben werden. Ist Diabetes mellitus die Ursache des Abnehmens, muß auch zu Hause Insulin injiziert werden. Keine Angst! Das läßt sich leicht lernen. Ihr Tierarzt wird Ihnen ganz genau zeigen, wie es geht (siehe auch Diabetes mellitus, S. 86).

Naturheilkunde

Die **Mariendistel** *(Silybum marianus)* fördert auch bei der Leberlipidose die Regeneration des Lebergewebes.
Mariendisteltee wird abgekühlt der Katze mit einer Spritze über den Tag verteilt direkt in die Mundhöhle eingegeben oder dem Futter untergemischt. Es gibt hervorragende Fertigpräparate aus Mariendistelextrakt in Tablettenform, die Sie beim Tierarzt oder in der Apotheke erhalten.

➤ Vorbeugung

Leberlipidose kann nur bei übergewichtigen Katzen entstehen. Die Vermeidung von Übergewicht durch bedarfsgerechte Ernährung ist daher die beste Vorbeugung gegen Leberverfettung. Ist Ihre Katze bereits zu dick, sollte sie abnehmen. Dabei ist darauf zu achten, daß die angestrebte Gewichtsreduktion langsam über mehrere Wochen und Monate erfolgt, um zu schnellen Fettabbau aus den Depots zu verhindern. **Übergewichtige Katzen dürfen nicht hungern!** Wenn adipöse (übergewichtige) Katzen aufgrund anderer Erkrankungen das Futter verweigern, müssen sie, um einem zu schnellen Fettabbau entgegenzuwirken, unbedingt zwangsernährt werden. Besser ist natürlich, wenn die Katze erst gar nicht dick wird.

Gefahr für den Menschen

– Keine –

5. BAUCHSPEICHELDRÜSE

Erkrankungen des exkretorischen Teils der Bauchspeicheldrüse

➤ Ursachen

Eine wesentliche Funktion der Bauchspeicheldrüse (Pankreas) ist die Bildung von Pankreassaft. Er enthält die Enzyme Amylase, Lipase und Trypsin. Diese Enzyme werden über den Ausführungsgang des Pankreas in den Dünndarm geleitet, wo sie die Kohlenhydrate, Fette und Eiweiße aus der Nahrung in ihre kleinsten Bestandteile zerlegen. Nur so kann die Nahrung vom Körper verwertet werden.

Akute und chronische Erkrankungen der Bauchspeicheldrüse mit Störung der Enzymbildung werden bei Katzen häufiger diagnostiziert. Die auslösenden Ursachen sind nicht immer festzustellen. Es gibt eine angeborene Bauchspeicheldrüsenunterfunktion und erworbene Störungen dieses Organs. Vielfach sind Viren (z.B. Leukosevirus) am Krankheitsgeschehen beteiligt.

➤ Ansteckung

Angeborene Pankreaserkrankungen werden nicht von Katze zu Katze übertragen. Sind jedoch Viren am Krankheitsgeschehen beteiligt, so können diese andere Katzen ebenfalls gefährden.

➤ Verlauf

Die Symptome einer **akuten** Bauchspeicheldrüsenentzündung sind dramatisch. Die Tiere leiden unter starken Schmerzen im gesamten Bauchbereich. Erbrechen, Durchfall und Störungen des Allgemeinbefindens bis hin zum akuten Kreislaufversagen (Schock) sind nicht selten.

Die **chronische** Bauchspeicheldrüsenentzündung verläuft nicht weniger belastend für den kleinen Patienten. Vorherrschend sind hier die Einschränkung der Enzymbildung und die dadurch entstehenden Verdauungsstörungen. Wenn zuwenige Enzyme in den Darm abgegeben werden, können die Nahrungseiweiße nicht zu Aminosäuren, die Kohlenhydrate nicht zu einfachen Zuckern und die Fette nicht in Fettsäuren gespalten werden. Die Folge davon ist, daß das Futter unverdaut nach Passage des Dünn- und Dickdarms ausgeschieden wird. Der Nahrungsbrei gärt durch bakterielle Zersetzung im Darm.

Es entstehen Durchfälle und Blähungen. Der ausgeschiedene Kot ist durch seinen hohen Anteil an unverdautem Fett ganz hell und aufgrund der bakteriellen Zersetzung widerlich stinkend. Die betroffenen Tiere sind immer hungrig. Sie magern trotz unmäßiger Futteraufnahme bis auf die Knochen ab und sterben an Entkräftung.

Nicht immer, vor allem bei der angeborenen Bauchspeicheldrüsenunterfunktion, fehlt es vollständig an Verdauungsenzymen. In vielen Fällen liegt lediglich eine verminderte Bildung von Pankreassaft vor. Die Symptome sind dann nicht ganz so deutlich.

➤ Tierärztliche Behandlung

Als Sofortmaßnahme bei akuten Entzündungen der Bauchspeicheldrüse muß jegliche Futter- und Flüssigkeitsaufnahme eingestellt werden. Durch die Entzündung geht die Schutzschicht auf der Schleimhaut der Ausführungsgänge des Pankreas verloren, so daß das eiweißverdauende Enzym Trypsin körpereigenes Gewebe angreifen kann. Es kommt zur Selbstverdauung des Organs durch die eigenen Enzyme. Um das zu verhindern, muß der kleine Patient mehrere Tage über die Vene (mit Infusionen) ernährt werden. Medikamente zur Bekämpfung der Entzündung, zur Stabilisierung des Kreislaufs und zur Schmerzlinderung sind bis zur Genesung ebenfalls erforderlich.

Bei chronischer Pankreasunterfunktion verschwinden die Beschwerden meist, wenn der Nahrung etwa eine Viertelstunde vor dem Verfüttern Pankreasenzyme in Pulverform beigemischt werden. Das Futter wird dadurch im Napf vorverdaut.

➤ Häusliche Behandlung

Ein Patient mit Bauchspeicheldrüsenunterfunktion darf keine auch noch so kleine Menge anderes als im Napf durch Pulverenzyme vorverdautes Futter erhalten. »Normales«, d.h. nicht aufgeschlossenes Futter erzeugt Blähungen, Bauchschmerzen und Durchfälle.

Sollte Ihre kranke Katze doch einmal etwas erwischen, was nicht durch Enzyme vorverdaut wurde, können Sie die dann entstehenden Beschwerden durch krampflösende Medikamente lindern. Der Tierarzt wird Ihnen solche Spasmolytika, am besten in Zäpfchenform, für den Notfall gerne überlassen. Nach Anweisung des Arztes angewandt, haben sie keine Nebenwirkungen.

Naturheilkunde

Gegen Blähungen und Bauchschmerzen hilft (zusätzlich zu den Verdauungsenzymen!) eine Messerspitze **Kümmel** im Futter. Auch **Fencheltee**, abgekühlt und etwa 30 ml über den Tag verteilt der Katze in die Mundhöhle gegeben oder dem Futter beigemischt, helfen Blähungen zu vermeiden.

▸ Vorbeugung

Angeborenen Bauchspeicheldrüsenerkrankungen können Sie nicht vorbeugen. Allerdings sollte mit Tieren, die unter solchen angeboren Defekten leiden, nicht weitergezüchtet werden. Da bei erworbenen Pankreaserkrankungen häufig Leukoseviren beteiligt sind, ist die Impfung gegen Leukose schon bei kleinen Katzen die beste Vorbeugemaßnahme. Besteht bereits eine Bauchspeicheldrüsenunterfunktion, so kann man durch konsequente Fütterung mit ausschließlich vorverdauter Nahrung die schweren Verdauungsstörungen vermeiden und die Lebensfreude des Patienten trotz chronischer Krankheit erhalten. Krampflösende Medikamente für den Notfall sollten Sie immer in Ihrer Hausapotheke bereithalten.

Gefahr für den Menschen

– Keine –

Diabetes mellitus (Zuckerkrankheit)

▸ Ursachen

Die Zuckerkrankheit oder Diabetes mellitus ist eine Stoffwechselstörung. Die Bauchspeicheldrüse ist dabei nicht in der Lage, genügend Insulin zu produzieren. Bei Katzen scheint die Zuckerkrankheit in den letzten Jahren immer häufiger aufzutreten. Experten vertreten die Meinung, daß die steigenden Diabetikerzahlen auf Fehlernährung, Übergewicht und zuwenig Bewegung zurückzuführen sind. Auch die Bauchspeicheldrüse schädigende Viren (z.B. Leukosevirus, FIP-Virus) oder Hormonbehandlungen (z.B. hormonelle Beeinflussung der Geschlechtsfunktion) können Diabetes mellitus auslösen.

▸ Ansteckung

Die Stoffwechselerkrankung selbst ist nicht ansteckend. Sind jedoch Viren wie z.B. Leukoseviren am Krankheitsgeschehen beteiligt, können diese auf andere Katzen übertragen werden und dort eventuell ebenfalls eine Schädigung der Bauchspeicheldrüse verursachen.

▸ Verlauf

Insulin ist ein Hormon, das von bestimmten Zellen der Bauchspeicheldrüse (Langerhanssche Inseln) in die Blutbahn abgegeben wird. Es sorgt unter anderem für den Einbau des im Blut vorhandenen Zuckers (Glukose) in die Körperzellen. Indirekt ist es auch für den Fett- und Eiweißstoffwechsel lebensnotwendig. Fehlt Insulin, so »verhungern« die Körperzellen bei gleichzeitigem Anstieg der Zuckermenge im Blut. Als Ausgleich werden vermehrt Körperfett und Körpereiweiß abgebaut, um den Energiehaushalt des Körpers aufrechtzuerhalten. Die betroffenen Tiere magern im Verlauf der Erkrankung stark ab.

Durch den krankhaft erhöhten Abbau von Körpersubstanzen entstehen vermehrt giftige Stoffwechselprodukte, die so schnell nicht eliminiert werden und dadurch Schäden der verschiedensten Organe verursachen können. Das diabetische Koma, eine lebensbedrohliche Notfallsituation, wird durch diese giftigen Stoffwechselprodukte hervorgerufen. Für die Zuckerkrankheit typische Spätschäden sind vor allem Veränderungen an den Blutgefäßen (Arteriosklerose) und Leberfunktionsstörungen. Die Gefäßveränderungen können im ganzen Körper auftreten. An den Augen verursachen sie eine schleichende Erblindung, im Gesamtorganismus sind sie für Infarkte (Herz, Gehirn), für Durchblutungsstörungen, schlecht heilende Wunden und vieles mehr verantwortlich.

Die Krankheit tritt bei Katzen vorzugsweise ab dem 6. Lebensjahr auf. Die Patienten **trinken auffallend viel** und setzen dadurch vermehrt Urin ab. Sie schlafen viel, spielen weniger und erscheinen insgesamt lustlos und schlapp. Vielfach verlieren sie den Appetit. Aber auch dann, wenn die Futteraufnahme unverändert ist, magern die Kätzchen ab. Ein verantwortungsvoller Tierbesitzer wird sofort bei Auftreten solcher Symptome einen Tierarzt aufsuchen.

> **Tierärztliche Behandlung**

Eine Blutuntersuchung beim Tierarzt gibt Gewißheit. Blutzuckerwerte von 80–100 mg/dl sind normal. In Streßsituationen, wie z.B. einem Tierarztbesuch, kann der Blutzucker bis zu einem Wert über 160 mg/dl ansteigen, ohne daß eine Erkrankung vorliegt. Werte über 200 mg/dl deuten sehr wahrscheinlich, Werte über 300 mg/dl sicher auf Diabetes mellitus hin. In Zweifelsfällen müssen die Blutuntersuchung wiederholt oder Spezialteste (Fruktosamin-Bestimmung, Glukosebelastungstest) durchgeführt werden.

Die Behandlung des Diabetes mellitus steht auf zwei Säulen. Ziel der Behandlung ist es, den Blutzuckerspiegel zu senken. Dazu gehört eine konsequente **Diäternährung** der kleinen Patienten. In leichten Fällen reicht das aus, um die Blutzuckerwerte in den Normbereich zurückzuführen. In schweren Krankheitsfällen muß regelmäßig **Insulin** gespritzt werden. Jede Katze muß auf die richtige Insulinmenge individuell eingestellt werden. Allgemeingültige Dosisangaben gibt es nicht. Zur Einstellung sollte das Tier am besten 1–2 Tage in eine Tierklinik. Danach muß die erforderliche Insulinmenge täglich vom Besitzer selbst unter die Haut des Patienten gespritzt werden. Das ist ganz einfach und nach Anleitung durch den Tierarzt für jeden Katzenfreund leicht zu erlernen.

Die Behandlung des Diabetes mellitus mit Tabletten führt bei der Katze nicht zum Erfolg.

> **Häusliche Behandlung**

Die richtige Ernährung ist besonders bei insulinabhängigen Tieren sehr wichtig, um Unterzuckerung zu vermeiden. Es hat sich bewährt, kurz vor der Insulininjektion zu füttern und dann

Das Aufziehen einer Insulinspritze und die Injektion ist ganz einfach und kann vom Tierbesitzer nach Anleitung zu Hause durchgeführt werden.

etwa 5–7 Stunden danach noch einmal. Die diabetischen Tiere erhalten eine eiweißreiche, kohlenhydrat- und fettarme Nahrung. Am besten eignet sich mageres, gekochtes Geflügel- oder Schaffleisch. Auch Hüttenkäse ist zu empfehlen. Auf Beigaben, die reich an Kohlenhydraten sind, wie Katzenflocken oder Reis muß verzichtet werden. Wenn sie Dosenfutter bevorzugen, sollten Sie spezielles kohlenhydratarmes Diätfutter (beim Tierarzt erhältlich) verwenden.

Da der individuelle Insulinbedarf Schwankungen unterworfen ist, muß der Urin mit Hilfe von Teststäbchen täglich auf Zucker und Ketonkörper (Stoffwechselendprodukte) untersucht werden. Trotz konsequenter Diät und sorgfältiger Einstellung des Pa-

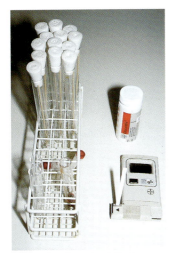

Bei der Einstellung des Patienten auf die richtige Insulinmenge muß der Blutzuckerwert mehrmals täglich kontrolliert werden.

tienten auf die notwendige Insulinmenge kann es, wenn auch selten, zu einer Überdosierung von Insulin und damit zur **Unterzuckerung** kommen. Die Symptome – plötzliche Schwäche, Zittern, Krämpfe – sollten jedem Besitzer einer diabetischen, insulinpflichtigen Katze bekannt sein. Bei Auftreten dieser Symptome müssen Sie sofort handeln.
Die sofortige Gabe von Zuckerwasser in die Mundhöhle des kleinen Patienten rettet ihn vor einem hypoglykämischen Schock (Schock aufgrund Unterzuckerung).
All dies scheint auf den ersten Blick sehr aufwendig und mancher Katzenbesitzer fühlt sich zunächst überfordert, zumal die Behandlung einer diabetischen Katzen lebenslang erfolgen muß. Die Frage, ob man solche Patienten nicht besser einschläfern sollte, wird häufig gestellt. Wenn man jedoch eine richtig eingestellte und konsequent ernährte Katze beobachtet, wird man sehr schnell zu der Überzeugung gelangen, daß sich jeder Aufwand lohnt, um die offensichtliche Lebensfreude noch einige Jahre zu erhalten.

Naturheilkunde

Geißraute *(Galega officinalis)*, **Griechisch Heu** *(Trigonella foenum-graecum)* und **Heidelbeere** *(Vaccinium myrtillus)* sind Heilkräuter, die den Blutzuckerspiegel senken.
Von der Geißraute werden die Sproßteile, vom Griechisch Heu der Samen und von der Heidelbeere die Blätter als Absud oder Tee der Katze zweimal täglich ca. 2 ml verabreicht.
Vorsicht: Bei insulinpflichtigen Katzen ist es sehr wichtig, daß die Anwendung der Heilkräuter bei der Einstellung auf die notwendige Insulinmenge berücksichtigt wird, um Unterzuckerungen zu verhindern.

➤ Vorbeugung

Die Vermeidung von Übergewicht durch eine bedarfsgerechte Ernährung beugt der Entstehung von Diabetes mellitus (und anderer Erkrankungen!) vor. Vor allem bei übergewichtigen Katzen sollten Sie grundsätzlich keine Hormonbehandlungen (z.B. wegen Verhaltensstörungen oder Unsauberkeit) durchführen lassen. Das Risiko der Entstehung von Diabetes mellitus ist zu groß. Freilaufkatzen sollten gegen Leukose und FIP geimpft werden.

Gefahr für den Menschen

– Keine –

Katzenallergie

Allergien gegen alle möglichen Substanzen werden leider immer häufiger. In den letzten Jahren klagen viele Menschen bei Kontakt mit Katzen über tränende Augen, zugeschwollene Nase, Husten und Atemnot bis hin zu asthmaartigen Erstickungsanfällen. Menschen, die unter solchen Symptomen leiden, sollten sich zunächst einem Allergietest unterziehen. Die gleichen Symptome können nämlich auch durch andere Allergene (z.B. Blütenpollen) auftreten. Nur ein Allergietest kann definitiv beweisen, daß die Katze Ursache der Beschwerden ist.

Neuere Untersuchungen haben gezeigt, daß nicht die Haare alleine, sondern erst die Kombination Speichel und Katzenhaare für allergische Reaktionen verantwortlich ist. Speichel wird bei der täglichen katzeneigenen intensiven Körperpflege auf das Fell gebracht. Durch tägliches Abreiben der Katze mit einem feuchten Tuch, kann der Speichel aus dem Fell entfernt und damit Allergieerscheinungen gemildert werden. Es ist auch möglich, sich **desensibilisieren** zu lassen. Dabei wird dem Allergiker die Substanz, gegen die er übersensibel reagiert (in diesem Fall Katzenhaare und Katzenspeichel), zunächst in stark verdünnter Form und dann nach und nach in immer höherer Konzentration injiziert. Das Ziel ist die schrittweise Herabsetzung der Empfindlichkeit. Diese Methode ist langwierig, nicht immer erfolgreich und nicht ganz ungefährlich. Wenn sich während der Desensibilisierungsbehandlung Katzen im Haushalt befinden, kann es, durch die ständige Präsens und hohe Konzentration des Allergens (allergieauslösende Substanz), zu einem allergischen Schock kommen. Für einen Allergiker ist es daher sicher besser, sich erst gar keine Katze anzuschaffen, so schwer der Verzicht auch fällt. Leben bereits Katzen im Haushalt, so sollte für die Tiere ein anderer **guter** Platz gesucht werden, bevor die Beschwerden der Allergie die harmonische Mensch-Tier-Beziehung zerstören. Die Unterbringung in einem Tierheim ist keine Alternative!

Eine Allergie ist keine Erkrankung, die von heute auf morgen eine Entscheidung verlangt. Sie haben nach Auftreten der ersten Symptome genügend Zeit, mit etwas Engagement eine für alle Beteiligten befriedigende Lösung zu finden.

Fragen Sie auch Ihren Tierarzt. Er hat von Berufs wegen viele Kontakte zu Tierbesitzern und kann Ihnen sicherlich bei der Vermittlung Ihrer vierbeinigen Freunde behilflich sein.

Allergien auf Katzenhaare werden immer häufiger.

Eingeschränkte Nierenfunktion

> **Ursachen**

Viele, vor allem ältere Katzen, leiden unter eingeschränkter Nierenfunktion. Die Filterorgane sind dabei nicht mehr in der Lage, ihre vielfältigen Aufgaben zu erfüllen. Es ist nicht immer möglich, die Ursachen für die Nierenveränderungen herauszufinden. So können zum Beispiel im Lauf des Lebens durchgemachte Infektionen oder Vergiftungen dafür verantwortlich sein. Die auslösenden Erreger oder Gifte sind bei der viel späteren Entdeckung des Nierenschadens meist längst aus dem Körper verschwunden. Chronisches Nierenversagen kann auch im Zusammenhang mit einer Leukose-Infektion auftreten.

> **Ansteckung**

Chronisches Nierenversagen ist nicht ansteckend. Sind jedoch Leukose-Viren am Krankheitsgeschehen beteiligt, so können diese auf andere Katzen übertragen werden und dort eventuell ebenfalls Nierenschäden verursachen.

> **Verlauf**

Wenn die Nieren nicht richtig »arbeiten«, werden Stoffwechselschlacken, vor allem aus dem Eiweißstoffwechsel, und andere für den Organismus gefährliche Substanzen nicht ausreichend aus dem Blut entfernt und verursachen Schäden an den verschiedensten Organen. Auf der anderen Seite kann die kranke Niere bei ihrer Filtertätigkeit das Wasser aus dem Blut nur noch ungenügend festhalten und in die Blutbahn zurückführen. Dadurch gehen dem Organismus ständig große Mengen an Wasser, Salz, wasserlösliche Vitamine und Kalzium verloren.

Zunächst können die Nieren einen teilweisen Funktionsausfall durch vermehrte Arbeit des intakten Gewebes ausgleichen. Viele Katzen, die an einem chronischen Nierenversagen erkrankt sind, zeigen daher anfangs keinerlei Symptome. Erst wenn etwa 2/3 des Nierengewebes verloren sind, treten die ersten Krankheitszeichen auf. Die betroffenen Tiere sind schlapp und lustlos; beim Spielen werden sie schnell müde; sie haben wenig Appetit; das Fell ist stumpf und glanzlos. Typisch für eine Nierenerkrankung ist der vermehrte Durst. **Wenn Katzen viel trinken, sind sie krank!** Gleichzeitig wird vermehrt Urin abgesetzt. Weitere Symptome für eine Nierenstörung sind **Erbrechen** und die Unfähigkeit zu schlucken. Viele Katzenbesitzer vermuten daher zunächst eine Zahnerkrankung bei Ihrem Tier. Ursache der **Schluckbeschwerden** ist jedoch eine »Vergiftung« des Gehirns mit Harnstoff, der Stoffwechselschlacke aus der Eiweißverdauung. Die Unfähigkeit zu schlucken

Gesunde Katzen trinken fast nichts. Bei übermäßigem Durst besteht Verdacht auf eine Nierenerkrankung.

ist damit eine zentralnervöse Störung als Folge des Nierenversagens.

Vielfach beobachtet man auch Zahnfleischentzündungen bei Nierenerkrankungen. Wenn gleichzeitig Zahnstein vorhanden ist, wird dies häufig irrtümlich als Ursache der Entzündung vermutet. **Vorsicht:** Wird eine nierenkranke Katze z.B. zum Zahnsteinentfernen narkotisiert, kann sich das chronische zu einem galoppierenden Nierenversagen wandeln, wobei der Tod meist innerhalb weniger Tage bis Wochen nach der Narkose eintritt. Bei Katzen über 6 Jahren und bei Katzen, die viel trinken, sollte daher grundsätzlich vor jeder Narkose eine Nierenfunktionskontrolle durch eine Blutuntersuchung durchgeführt werden. Im fortgeschrittenen Stadium der

Nierenerkrankung trocknen die Tiere regelrecht aus. Sie scheiden mehr Urin aus, als sie durch Trinken ersetzen können.

Die zunehmende Austrocknung kann man am Hautturgor (Hautelastizität) erkennen. Dazu zieht man eine Hautfalte am Rücken vom Körper leicht weg. Wenn die Haut wieder losgelassen wird, muß die Falte innerhalb 1–2 Sekunden verschwinden. Bleibt sie länger bestehen oder verstreicht sie gar nicht, ist das Tier ausgetrocknet. Es besteht die Gefahr eines Kreislaufversagens. Der Patient muß sofort zum Tierarzt.

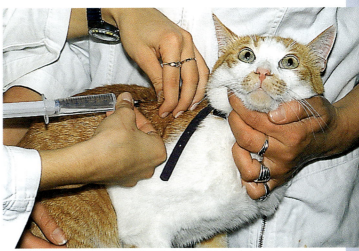

Bei der subkutanen Infusion wird die Infusionsflüssigkeit mit der Spritze direkt unter die Haut injiziert.

> **Tierärztliche Behandlung**

Der Tierarzt wird, nachdem er die Diagnose gestellt hat, zunächst den Flüssigkeits- und Elektrolytverlust durch Infusionen ausgleichen. Er kann die Flüssigkeit über die Vene der Katze als Tropfinfusion verabreichen.

Besser, weil für den kleinen Patienten weniger belastend, ist die subkutane Infusion. Dabei wird die Flüssigkeit über mehrere große Injektionen direkt unter die Haut gespritzt. Das ist nicht schmerzhaft und geht wesentlich schneller, so daß der Tierarztbesuch für die Katze nicht zu lange dauert.

Im fortgeschrittenen Stadium des Nierenversagens können solche Infusionen immer häufiger notwendig werden.

Neben den Infusionen werden Vitamine und Mineralstoffe verabreicht. Bei bestehender Infektion kann auch der Einsatz von Antibiotika erforderlich sein.

> **Häusliche Behandlung**

Wenn Ihre Katze an einer eingeschränkten Nierenfunktion leidet, sollten Sie folgende Punkte beachten:

1. Dem Tier muß frisches Wasser immer und in ausreichender Menge zur Verfügung stehen. Der starke Flüssigkeitsverlust durch vermehrten Urinabsatz muß ständig durch Trinken ausgeglichen werden. Es ist völlig falsch und sehr gefährlich, den häufigen Urinabsatz durch Wasserentzug »regulieren« zu wollen. Durch Austrocknung entstehen lebensbedrohliche Kreislaufssituationen.

2. Damit weniger giftige Stoffwechselschlacken (vor allem Harnstoff) entstehen, sollte die Nahrung der nierenkranken Katze eiweißreduziert sein. Allerdings haben Katzen einen besonders hohen Eiweißbedarf, so daß die Eiweißreduktion auch ihre Grenzen hat. Bei zu stark eiweißarmem Futter entstehen Mangelerscheinungen. Die Diät sollte daher zwar aus wenig, dafür aber hochwertigem Eiweiß in Form von Milchprodukten (Joghurt, Quark), Geflügelfleisch, magerem Rindfleisch oder auch einmal aus gekochtem Ei bestehen.

Innereien sollten nicht verfüttert werden. Sie enthalten viel Phosphat. Nierenkranke Katzen verlieren jedoch viel Kalzium, so daß beim Verfüttern von Innereien das Kalzium/Phosphor-Verhältnis noch mehr aus dem Gleichgewicht gerät.

Die Ration einer nierenkranken Katze sollte aus etwa 50 % Eiweißträgern (Fleisch, Milchprodukte, Ei), 30 % Fett (Gänseschmalz und Pflanzenöl gemischt) sowie 10 % Kohlenhydrate (Katzenflocken, Reis, gekochte Kartoffeln) bestehen. Beim Tierarzt gibt es auch spezielle Dosendiät für nierenkranke Katzen, die Sie als Alternative zum Frischfutter z.B. im Urlaub verfüttern können.

3. Die nierenkranke Katze verliert über den Harn Kochsalz. Geben Sie ihr daher täglich eine Messerspitze Kochsalz (aber nicht mehr!) ins Futter.

4. Wasserlösliche Vitamine, vor allem Vitamin C und die Vitamine der B-Gruppe sowie Kalzium werden ebenfalls vermehrt mit dem Harn ausgeschieden und müssen ersetzt werden. 1 Messerspitze Vitamin C pro Tag ins Futter, 1 Tablette Vitamin B und ein Kalzium-Präparat (Tabletten oder Pulver) genügen.

5. Kontrollieren Sie regelmäßig die Hautelastizität. Zeigt sich der Patient ausgetrocknet, wobei die hochgezogene Hautfalte nur langsam oder gar nicht verstreicht, muß ihm Flüssigkeit in Form von Infusionen zugeführt werden. Ein Tierarztbesuch ist notwendig.

6. Streßsituationen können die Nierendurchblutung herabsetzen und den Krankheitsverlauf beschleunigen. Vermeiden Sie jeglichen unnötigen Streß (längere Transporte, Ausstellungen usw.) bei Ihrer Katze.

7. Nässe und Kälte sind ebenfalls zu vermeiden. Freilaufende nierenkranke Katzen sollten nachts und an kalten, regnerischen Tagen zu Hause bleiben.

Naturheilkunde

Lespedeza capita ist eine Heilpflanze aus Nordamerika mit harnstoffsenkender Eigenschaft.
Ein Fertigextrakt (Lespenephryl) aus dieser Heilpflanze wird bei chronischem Nierenversagen auch bei Katzen mit Erfolg zur Entfernung von giftigen Stoffwechselendprodukten aus dem Blut eingesetzt.

> ### Vorbeugung

Die schleichende Verschlimmerung eines Nierenleidens erfordert eine rechtzeitige Behandlung, um das Leben des Patienten noch lange lebenswert zu erhalten. Die Therapie sollte am besten schon beginnen, bevor die ersten Symptome auftreten. Dies ist möglich, wenn der Katzenbesitzer bei seinem vierbeinigen Freund einmal im Jahr (beim Impftermin) eine umfassende Gesundheitskontrolle durchführen läßt. Durch die Bestimmung der Nierenwerte im Blut sowie des spezifischen Gewichtes des Urins kann der Tierarzt eine Schädigung der Filterorgane frühzeitig erkennen und behandeln.

Gefahr für den Menschen

– Keine –

Blasenentzündung

> ### Ursachen

Eine Blasenentzündung (Zystitis) bei der Katze wird hauptsächlich durch Harnkonkremente und bakterielle Infektionen hervorgerufen.

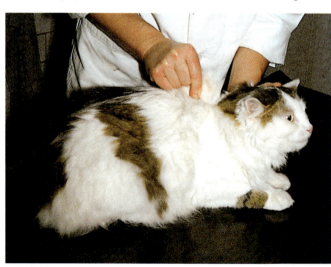

Die Kontrolle des Austrocknungsgrades bei Nierenpatienten erfolgt durch Hochziehen einer Hautfalte.

HARNORGANE

▸ Ansteckung

Eine Zystitis wird in der Regel nicht von Katze zu Katze übertragen. Wird die Blasenschleimhaut durch reizende Faktoren (Harngries, Kälte) vorgeschädigt, so vermehren sich gerne übiquitäre Bakterien (Bakterien, die in der Umwelt immer vorhanden sind) auf dem geschädigten Gewebe und verschlimmern das Krankheitsbild.

▸ Verlauf

Die erkrankten Tiere gehen häufig auf die Toilette und setzen dabei nur wenige Tropfen trüben, manchmal blutigen Urin ab.
Sie scheinen dabei oft starke Schmerzen zu haben, denn nicht wenige der betroffenen Tiere geben beim Urinabsatz klagende Laute von sich.
Manche Kätzchen bringen die Schmerzen in Zusammenhang mit der Katzentoilette und meiden Sie deshalb. Sie suchen sich andere Plätze in der Wohnung zum Urinieren in der Hoffnung, daß es dort nicht »weh tut«. Bei chronischer Blasenentzündung ist Unsauberkeit (Verschmutzen der Wohnung mit Urin) oft das einzige Symptom.

▸ Tierärztliche Behandlung

Bei bakteriellen Infektionen verabreicht der Tierarzt Antibiotika. Er kann sie dem kleinen Patienten spritzen oder als Tabletten verordnen. Wie auch immer sie gegeben werden, eine Antibiotikum-Therapie muß immer, auch bei Besserung oder Verschwinden der Symptome, mindestens 6–7 Tage erfolgen. Nur so kann man sicher sein, daß alle krankmachenden Bakterien abgetötet werden.
Wird die Behandlung zu früh abgebrochen, bleiben einige Keime am Leben und können eine Resistenz (Unempfindlichkeit) gegenüber dem angewandten Antibiotikum entwickeln. Gleichzeitig vermehren sie sich wieder rapide.
Alle Nachkommen resistenter Bakterien können nun nicht mehr mit dem Antibiotikum behandelt werden. Es kommt zu gefährlichen, schwer behandelbaren Rückfällen der Krankheit.
Brechen Sie daher niemals eine vom Tierarzt angeordnete Antibiotikum-Behandlung aus falscher Rücksicht auf das Tier vorzeitig ab. Antibiotika müssen immer in hoher Dosierung ausreichend lange gegeben werden.
Sind Harnkonkremente Ursache der Blasenentzündung, muß der Urin durch ein Medikament angesäuert werden. Die meisten Harnkonkremente lösen sich im sauren Milieu auf (siehe auch FUS, S. 94).

▸ Häusliche Behandlung

Katzen mit Zystitis müssen warmgehalten werden. Ein- bis zweimal täglich Rotlichtbestrahlung auf den Bauch, ein Wärmekissen oder ein Platz an der Heizung unterstützen den Heilungsprozeß. Ist das Tier bereits »unsauber«, empfiehlt es sich, die Katzentoilette an einen anderen Ort zu stellen. Bitte schimpfen oder bestrafen Sie Ihren vierbeinigen Freund nicht wegen seiner Unsauberkeit.
Es ist keine böse Absicht, sondern lediglich ein verzweifelter Versuch, Schmerzen aus dem Weg zu gehen. Zudem würde eine Bestrafung die Situation nicht ändern und ist daher völlig sinnlos.

> **Naturheilkunde**
>
> Bei Katzen, die an Blasenentzündung akut erkrankt sind oder zu Zystitis neigen, hat sich **Zinnkraut** *(Equisetum arvense)* bewährt.
> 20 ml abgekühlten Tee unter jedes Futter gemischt, wird von den meisten Katzen ohne Probleme angenommen. Zinnkraut soll über längere Zeit (mehrere Monate) gegeben werden. Er stabilisiert die Abwehrkräfte der Harnorgane gegen Infektionen. Bei akuten Entzündungen wirkt er beruhigend auf die Blasenschleimhaut.

▸ Vorbeugung

Da für die meisten Blasenentzündungen bei Katzen Harnkonkremente verantwortlich sind, sollte man Tieren, die bereits an einer Zystitis erkrankt waren, vorbeugend den Urin ansäuern. Entsprechende Präparate erhalten Sie bei Ihrem Tierarzt.

> **Gefahr für den Menschen**
>
> – Keine –

FUS – das Feline Urologische Syndrom

➤ Ursachen

Bei FUS bilden sich in der Harnblase des betroffenen Tieres Konkremente, die je nach Größe als Steine oder Gries bezeichnet werden. Die Harnkonkremente bestehen zu 90 % aus Struvit und sind sehr hart. Sie irritieren die empfindliche Schleimhaut der urinableitenden Wege und führen zu einer massiven Blasenentzündung. Bei weiblichen wie männlichen Tieren ist eine chronische Zystitis (Blasenentzündung) immer verdächtig für das Vorliegen von Blasensteinen oder Harngries.

Wird die Harnröhre teilweise oder ganz durch Gries oder Steine verstopft, besteht akute Lebensgefahr. Diese Notfallsituation tritt eigentlich nur beim Kater auf. Die Harnröhre der weiblichen Katze ist wesentlich kürzer und besitzt ein größeres Lumen sowie höhere Dehnungsfähigkeit als beim Kater. Harnkonkremente können daher bei der Kätzin, meist ohne größeren Schaden anzurichten, mit dem Urin ausgeschwemmt werden, während sie beim Kater ernste Abflußprobleme schaffen.

Umfangreiche Forschungen haben die Vermutung bestätigt, daß vor allem **Flüssigkeits- und Bewegungsmangel** sowie eine **zu hohe Zufuhr von Magnesium** mit der Nahrung für das Entstehen von FUS verantwortlich sind. Eine zu hohe Magnesiummenge wird von unseren Katzen durch das handelsübliche Trockenfutter aufgenommen.

Da gesunde Katzen in der Regel wenig trinken, können sie den durch Trockenfutter-Fütterung erhöhten Flüssigkeitsbedarf nicht abdecken. Das führt zu einer höheren Harnkonzentration. Diese beiden Faktoren begünstigen zusammen mit Bewegungsmangel (Wohnungskatzen!) die Entstehung von Harnkonkrementen. Das Verfüttern von Trockennahrung an Katzen ist daher nicht zu empfehlen.

➤ Ansteckung

FUS ist weder für Katzen noch für andere Haustiere ansteckend.

➤ Verlauf

Als erstes Anzeichen fällt auf, daß die Katze häufig und oft erfolglos

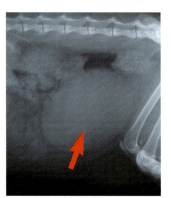

Eine übergroße Harnblase durch Verstopfung der Harnröhre mit Struvitsteinen kann man im Röntgenbild erkennen.

die Katzentoilette aufsucht. Vielfach wird dieses Verhalten vom Tierbesitzer zunächst als Darmverstopfung gedeutet. Eindeutiger wird die Diagnose, wenn tröpfchenweise stark riechender, oft blutiger Urin abgesetzt wird. Das Urinieren ist für die betroffenen Kätzchen sehr schmerzhaft. Häufig wird die Katzentoilette von den Tieren als Ursache ihrer Schmerzen betrachtet. Frauchen oder Herrchen finden dann plötzlich kleine Urinmengen z.B. auf dem Teppich, im Bett oder auf den Polstermöbeln. Um ihren Schmerzen zu entgegen, wird eine jahrelang stubenreine Katze von heute auf morgen »unsauber«. Bei weiblichen Tieren ist das meist das einzige Symptom von FUS.

Beim Kater dagegen kommt es oft sehr schnell zu einer mehr oder weniger vollständigen Verstopfung der Harnröhre mit größeren Harnkonkrementen. Die Tiere versuchen ständig Urin abzusetzen, sitzen gekrümmt und zeigen individuell unterschiedlich, daß sie Schmerzen leiden. Spätestens jetzt, besser jedoch viel früher, d.h. bei den ersten Anzeichen von FUS, muß die Katze zum Tierarzt. Wird die Harnröhrenverstopfung nicht sofort beseitigt, stirbt der kleine Patient innerhalb 24–48 Stunden an Nierenversagen und »Urinvergiftung«.

➤ Tierärztliche Behandlung

Zur Behebung der Harnröhrenverstopfung ist in der Regel eine

HARNORGANE

Narkose erforderlich. Mit Hilfe einer Ultraschallsonde, die der Tierarzt in die Harnröhre einführt, werden größere Konkremente zertrümmert. Anschließend wird die Blase gespült, um weitere kleinere Steinchen oder Gries herauszuschwemmen. Der Tierarzt verwendet dazu eine saure Spülflüssigkeit, wodurch sich Struvitsteine auflösen.

Trifft der kleine Patient bereits in einem schlechten Allgemeinzustand in der Tierarztpraxis ein, wird die übervolle Blase erst einmal von außen punktiert. Infusionen und kreislaufstabilisierende Präparate werden solange verabreicht, bis die Katze eine Narkose verkraften kann, um die Konkremente aus der Harnröhre und Blase zu entfernen. Anschließend sind Antibiotikagaben erforderlich, um die durch den Gries entstandenen Entzündungen zu beheben. Blasensteine und Gries bei der weiblichen Katze werden durch eine spezielle steinauflösende Diät (beim Tierarzt erhältlich) behandelt. In hartnäckigen Fällen müssen die Steine chirurgisch aus der Blase entfernt werden.

▶ Häusliche Behandlung

Bei etwa 50–70 % der Katzen, die bereits einmal wegen FUS behandelt werden mußten, kommt es ohne konsequente Diätmaßnahmen schon nach kurzer Zeit zu einem Rückfall. Um das zu verhindern, sollten solche Tiere lebenslang nur Futter erhalten, folgende Voraussetzungen erfüllt:

1. Es muß magnesiumarm sein.
2. Es sollte den Urin leicht ansäuern.
3. Es sollte etwa 70–80 % Flüssigkeit enthalten.

Alle diese Bedingungen erfüllt eine spezielle Harnstein-Diät, die Sie bei Ihrem Tierarzt erhalten. Wenn Ihre Katze diese Diät verweigert, können Sie das Futter nach folgendem Rezept auch selbst zusammenstellen:

▶ 500 g Rinderhack oder Hühnerfleisch (leicht angebraten, Fett abgießen)
▶ 125 g Rinder- oder Geflügelleber (gekocht oder gebraten)
▶ 200 g gekochter Reis (kein Vollkornreis)
▶ 1/2 Teelöffel Pflanzenöl (z.B. Distelöl, Sonnenblumenöl)
▶ 1/2 Teelöffel Geflügelfett (Gänseschmalz)
▶ 1 Teelöffel Kalziumkarbonat (aus der Apotheke).

Diese magnesiumarme Diät wird portionsweise eingefroren und vor dem Verfüttern mit etwas Wasser vermischt. Bewährt hat sich ein ausschwemmendes Heilwasser (z.B. Haderheck oder Volvic) zur Flüssigkeitsanreicherung des Futters. Diese selbstgefertigte Diät enthält keine Komponente zur Ansäuerung des Harn. Zu diesem Zweck benötigen Sie zusätzlich spezielle Medikamente (Tabletten, Pulver oder Pasten), die täglich verabreicht werden müssen.

Naturheilkunde

Zinnkraut *(Equisetum arvense)* beruhigt die entzündete Schleimhaut der Urinabführenden Wege und kann als Tee zur Flüssigkeitsanreicherung des Futters bei der Katze auf Dauer ohne Nebenwirkungen angewandt werden. Durch seinen Gehalt an Kieselsäure stärkt er das Bindegewebe und stabilisiert die Blasenwand gegen reizende Einflüsse.

▶ Vorbeugung

Zur Vorbeugung gegen Harngriesbildung empfiehlt es sich, die Risikofaktoren (Flüssigkeits- und Bewegungsmangel sowie zuviel Magnesium in der Nahrung) zu vermeiden. Wohnungskatzen sollten Klettermöglichkeiten zur Verfügung gestellt werden.
Spielen Sie so oft wie möglich mit Ihrem vierbeinigen Freund (z.B. ein Fangspiel mit einem Wollfaden), um ihm Bewegung zu verschaffen.
Am besten ist es jedoch gleich zwei Katzen zu halten, die sich gegenseitig beim Spielen »in Trabb halten«. Füttern Sie nur Futter mit ca. 70–80 % Flüssigkeitsgehalt wie z.B. Frischfleisch. Reichern Sie Dosenfutter zusätzlich mit Flüssigkeit (Wasser, Tee) an. Füttern Sie von Anfang an kein Trockenfutter.

Gefahr für den Menschen

– Keine –

Scheinträchtigkeit

> Ursachen

Der Eisprung bei der Katze erfolgt nicht, wie bei vielen anderen Säugetieren, spontan in regelmäßigen Zeitabständen, sondern erst beim Deckakt. Wird die Katze von einem zeugungsunfähigen Kater gedeckt, kann das zur Scheinträchtigkeit führen. Das gleiche kann jedoch auch durch intensives Streicheln des Tieres während der Rolligkeit geschehen. Hierbei bewirkt das Streicheln, genau wie der Deckakt, den Eisprung und damit eine hormonelle Umstellung im Katzenkörper wie während einer richtigen Trächtigkeit.

> Ansteckung

Scheinträchtigkeit ist nicht ansteckend.

> Verlauf

Durch die hormonelle Umstellung kommt es zum Anschwellen des Gesäuges, eventuell auch zum Milchfluß. Um Milchstau und Entzündungen vorzubeugen, sollte die Katze einem Tierarzt vorgestellt werden. Immer wieder auftretende Scheinträchtigkeiten gehen oft Hand in Hand mit Gesäugeentzündungen, Eierstockszysten, Gebärmutterentzündungen und -vereiterungen.

> Tierärztliche Behandlung

Es gibt inzwischen ein weitgehend nebenwirkungsfreies Medikament, das über die Steuerzentrale der Geschlechtsfunktionen im Gehirn (Hypophyse) die Scheinträchtigkeit unterbindet. Besteht allerdings bereits eine Gesäugeentzündung oder Gebärmuttererkrankung, so ist eine sofortige Operation unumgänglich.

Gebärmuttererkrankungen treten nur bei unkastrierten Kätzinnen auf und sollten immer chirurgisch behandelt werden.

> Häusliche Pflege

Wenn sich die Scheinträchtigkeit lediglich durch eine leichte Schwellung des Gesäuges bemerkbar macht, können Sie zu Hause die geschwollenen Milchkomplexe mit einem feuchten Tuch kühlen. Meist reicht das aus, der Katze Erleichterung zu verschaffen.
Achten Sie jedoch auf Verhärtungen im Gesäuge. Sie sind Anzeichen von Entzündungen und sollten möglichst bald mit einem Antibiotikum behandelt werden.

Naturheilkunde

Durch seine leicht ausschwemmende Wirkung hat die Anwendung von **Zinnkraut** *(Equisetum arvense)*, in der Botanik Ackerschachtelhalm, genannt auch bei Scheinträchtigkeit ihre Berechtigung. 1 Tasse Zinnkrauttee wird der Katze über den Tag verteilt abgekühlt dem Futter zugesetzt oder direkt in die Mundhöhle eingegeben.
Schwellungen des Gesäuges gehen dadurch merklich zurück.

> Vorbeugung

Die beste Vorbeugung gegen Scheinträchtigkeit und den damit häufig verbundenen gefährlichen Folgen, ist die Kastration der weiblichen Katze.

Gefahr für den Menschen

– Keine –

Gesäugetumoren

> Ursachen

Könnte man die Frage beantworten, wodurch Gesäugekrebs entsteht, hätte man sicherlich den Nobelpreis verdient. Eine einzige Ursache scheint Krebs nicht auszulösen. Die Krankheit ist ein multifaktorielles Geschehen, d.h. viele Einflüsse müssen zusammenkommen, bis Körperzellen entarten und sich als Krebszellen weitervermehren. Neben genetischer Prädisposition (Veranlagung) sind hormonelle Faktoren als Entstehungsursachem inzwischen bewiesen. Katzen, die frühzeitig kastriert werden (im 8.–9. Lebensmonat) erkranken weitaus seltener an Gesäugetumoren als Kätzinnen, die zur Zucht verwendet, sehr spät oder gar nicht kastriert wurden.

▸ Ansteckung

Gesäugekrebs ist nicht ansteckend.

▸ Verlauf

Gesäugekrebs zeigt sich im Anfangsstadium als ein oder mehrere kleine Knoten in den Milchdrüsenkomplexen. Diese Knoten wachsen, können sich entzünden und aufbrechen. Dabei entstehen große, eitrige, nicht mehr heilende Wunden.
80–90 % der Tumoren sind bösartig und metastasieren (streuen) recht schnell in andere Organe, vorwiegend die Lunge.

▸ Tierärztliche Behandlung

Solange die Tumoren des Gesäuges klein sind, verursachen sie keine Beschwerden. Sobald auch nur der kleinste Knoten entdeckt wird, sollte jedoch so schnell wie möglich operiert werden.
Wird der Gesäugekrebs im Frühstadium entdeckt und operiert, besteht eine große Chance auf völlige Heilung. Wird der Tumor erst im fortgeschrittenen Stadium entdeckt, sollte vor der Operation eine Röntgenaufnahme durchgeführt werden. Bei bereits bestehenden Metastasen (Tochtergeschwülsten) in der Lunge ist eine Operation nicht mehr sinnvoll. Ist die Lunge jedoch tumorfrei, haben auch Katzen mit fortgeschrittenen Gesäugetumoren eine reelle Chance auf Gesundung.
Nach einer Tumoroperation sollte die körpereigene Abwehr des Tieres medikamentös gestärkt werden. Dazu stehen dem Tierarzt viele Möglichkeiten zur Verfügung: Eigenblutbehandlungen, Paraminisierung, Enzymbehandlung. Welche Nachbehandlung für den Patienten geeignet ist, kann der Tierarzt nur im Einzelfall entscheiden.

▸ Häusliche Behandlung

Viele Wissenschaftler vermuten heute, daß auch eine psychische Komponente an der Entstehung von Krebs beteiligt ist. Durch Streß (und das ist auch dauerhaftes Unglücklichsein) wird das Immunsystem negativ beeinflußt. Die körpereigenen Abwehrkräfte, speziell die natürlichen Krebskillerzellen (NK) sinken. Diese Killerzellen haben die Aufgabe einzelne im Körper auftretende entartete Zellen zu eliminieren. Sinkt die Zahl der natürlichen Killerzellen, besteht die Gefahr einer Geschwulstbildung.
Und hier beginnt die häusliche Behandlung. Achten Sie darauf, daß Ihr vierbeiniger Freund nicht dauerhaft einer für ihn unerträglichen und unausweichlichen Situation ausgesetzt ist. Beispiele für psychisch belastende und damit das Immunsystem schwächende Situationen sind:

▸ Erzwungenes Zusammenleben mit einem dominanten Artgenossen ohne Ausweichmöglichkeit.
▸ Zuviele Katzen auf zu engem Raum.
▸ Viele Stunde alleine sein (bei berufstägigem Besitzer).
▸ Einsperren freiheitsgewohnter Katzen in die Wohnung.

Es gibt sicherlich noch viele andere Beispiele für Situationen,

Naturheilkunde

Präparate aus der Naturheilkunde sind keine Alternative zur Operation. Nach einer erfolgreichen Entfernung der Geschwulste allerdings erfüllen sie ausgezeichnete Dienste bei der Stärkung des Immunsystems.
Roter Sonnenhut *(Echinacea purpura)* ist als Fertigpräparat in Tropfenform erhältlich. 10 Tropfen pro Tag sollten der operierten Katze mehrere Wochen und Monate nach der Operation gegeben werden.
Die **Mistel** *(Viscum album)*, gut bekannt als Dekorationspflanze zu Weihnachten, ist eine hervorragende Heilpflanze gegen Krebs. Sie wird auch in der Humanmedizin bei den unterschiedlichsten Geschwulstarten verwendet. Neben ihrer zytostatischen (krebszellabtötenden) Eigenschaft stärkt sie gleichzeitig das Immunsystem und fördert die Bildung von natürlichen Killerzellen.
Mistelpräparate gibt es als Injektionslösungen. Fragen Sie Ihren Tierarzt nach dieser pflanzlichen Therapiemöglichkeit.

in denen eine Katze unglücklich ist. Ein wirklicher Katzenfreund wird nach Möglichkeit versuchen, seinem Tier ein glückliches und katzengerechtes Leben zu ermöglichen.

▸ Vorbeugung

Wie beim Menschen hat sich auch bei der weiblichen Katze die regelmäßige Krebsvorsorgeuntersuchung bewährt. Dabei wird das Gesäuge gründlich abgetastet. Der Besitzer einer Katze kann dies beim »Bauchkraulen« immer wieder, mindestens jedoch einmal im Monat durchführen. Einmal jährlich (beim Impftermin) sollte das Gesäuge vom Tierarzt kontrolliert werden. Schon kleinste Knötchen können so entdeckt und frühzeitig operativ entfernt werden.

Gefahr für den Menschen
– Keine –

Kryptorchismus

▸ Ursachen

Kryptorchismus ist eine Entwicklungsstörung der männlichen Geschlechtsorgane, deren genaue Ursache nicht bekannt ist. Die Hoden des Katers liegen vor seiner Geburt noch in der Bauchhöhle des Tieres. Normalerweise steigen sie bis kurz nach der Geburt ab und sind dann in den kleinen Hodensäckchen schon bald fühlbar. Tiere, bei denen ein

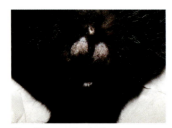

Mit 9 Monaten ist ein Kater geschlechtsreif.

oder sogar beide Hoden nicht absteigen, nennt man Kryptorchide. In Ausnahmefällen kann sich die Wanderung eines oder beider Hoden verzögern und erst nach Wochen, manchmal sogar erst nach einigen Monaten abgeschlossen sein. Befinden sich die Hoden bis zur Geschlechtsreife noch immer nicht im Hodensack, ist es sehr unwahrscheinlich, daß sie noch absteigen.

▸ Ansteckung

Kryptorchismus ist nicht ansteckend.

▸ Verlauf

Hoden, die in der Bauchhöhle verbleiben, neigen zur krebsiger Entartung. Man vermutet, daß dieses erhöhte Hodenkrebsrisiko an der zu hohen Temperatur in der Bauchhöhle liegt. Auch beim Kryptorchiden, dessen Hoden ja vorhanden sind, wenn auch nicht in der richtigen Lage, werden männliche Geschlechtshormone gebildet und in die Blutbahn abgegeben. Beim Eintritt der Geschlechtsreife verhalten sich diese Tiere genauso wie ihre »normalen« Artgenossen. Sie sind deckbereit und markieren ihre Umgebung mit Urin. Die Spermien, die in den nichtabgestiegenen Hoden gebildet werden, sind in der Regel steril.
Der Grund dafür ist auch hier die hohe Temperatur. Spermien benötigen, um zeugungsfähig zu bleiben, niedrigere Temperaturen, wie sie z.B. im Skrotum (Hodensack) vorliegen.
Einseitige Kryptorchiden sind durch den einen abgestiegenen Hoden zeugungsfähig.

▸ Tierärztliche Behandlung

Spätestens nach dem ersten Lebensjahr sollten kryptorchide Hoden chirurgisch entfernt werden. Dazu bedarf es einer Bauchoperation, ähnlich wie beim weiblichen Tier. Von einem erfahrenen Tierarzt durchgeführt, ist diese Operation zwar etwas aufwendiger, jedoch nicht gefährlicher als eine normale Kastration.

▸ Häusliche Behandlung

Bis zum Erwachen aus der Narkose sollte der kleine Patient beim Tierarzt verbleiben und dann zu Hause in einem geschlossenen Katzenkorb ruhen, bis er wieder fest auf seinen vier Pfoten stehen kann. Auf keinen Fall dürfen frisch operierte Katzen unbeaufsichtigt in der Wohnung herumlaufen. Es besteht die Gefahr, daß sie versuchen irgendwo hinaufzuspringen (z.B. auf einen Schrank oder Kratzbaum). Durch die noch nachwirkende Narkose sind die Tiere aber so wacklig auf

den Beinen, daß sie beim Springen ihr Ziel verfehlen und sich verletzen könnten.
Damit die Wunde problemlos heilt, sollte der Kater 4–5 Tage nicht springen. Am besten bauen Sie den Kratzbaum ab. Freilaufkatzen müssen 10 Tage zu Hause bleiben. Nach dieser Zeit werden die Fäden gezogen und alles ist vergessen.

Naturheilkunde

Es gibt keine Präparate aus der Naturheilkunde gegen Kryptorchismus. Die chirurgische Entfernung der »Bauchhöhlenhoden« ist die einzige sinnvolle Behandlung.

► Vorbeugung

Die Veranlagung für Kryptorchismus ist erblich. Kater mit einseitig nicht abgestiegenem Hoden sollten daher, auch wenn sie zeugungsfähig sind, grundsätzlich nicht zur Zucht verwendet werden.

Gefahr für den Menschen
– Keine –

Krankheiten durch hormonelle Beeinflussung der Geschlechtsfunktionen

► Ursachen

Durch Einsatz von Hormonpräparaten wie z.B. die »Katzenpille« zur Verhütung der Rolligkeit oder Hormoninjektionen beim Kater, um zu verhindern, daß er die Wohnung mit Urin markiert, können lebensgefährliche Erkrankungen ausgelöst werden.

► Ansteckung

Krankheiten, die durch Hormongaben ausgelöst wurden, sind nicht ansteckend.

► Verlauf

Hormone dürfen bei der weiblichen Katze zur Unterdrückung der Rolligkeit nur eingesetzt werden, wenn der Eierstock des Tieres nicht aktiv ist. Da die Katze keinen mit anderen Säugetieren vergleichbaren Sexualzyklus hat, kann der Tierarzt diesen ungefährlichen Zeitpunkt nicht mit Sicherheit bestimmen. Unkontrollierte Hormongaben führen aber erfahrungsgemäß über kurz oder lang bei der Kätzin zu einer lebensgefährlichen **Gebärmuttervereiterung**. Zudem birgt die Anwendung von Progesteron (das verwendete Hormon) die Gefahr des Ausbruchs eines eventuell latent vorhandenen **Diabetes mellitus** (Zuckerkrankheit).
Der Einsatz der »Katzenpille« bei verwilderten Katzen als »Tierschutzmaßnahme« gegen unkontrollierte Vermehrung ist aus medizinischer Sicht strikt abzulehnen. Es ist bei diesen verwilderten Kätzinnen weder bekannt, ob die Tiere trächtig sind, noch ob sie Erkrankungen aufweisen, die eine Hormongabe verbieten. Je nach Gesundheitszustand kann die Katzenpille dem damit behandelten Tier das Leben kosten. Eine besonders unangenehme, wenn auch seltene Nebenwirkung des Hormoneinsatzes beim **männlichen** Tier ist die Entstehung einer massiven **Milchdrüsenschwellung**. Gesäugekomplexe sind auch beim Kater angelegt. Die hormonbedingte Veränderung kann so ausgeprägt sein, daß die Tiere in ihrer Bewegungsfreiheit stark behindert sind.

Der Hormoneinsatz beim Kater zur Unterdrückung des Markierungsverhaltens kann zu schweren Veränderungen der auch beim männlichen Tier vorhandenen Gesäugeleiste führen.

Oft ist die Blutversorgung des geschwollenen Gewebes gestört, so daß Entzündungen, Geschwüre und Nekrosen (Absterben von Gewebe) entstehen. Die Schwellungen bilden sich, wenn keine irreparablen Gewebeschäden entstanden sind, oft erst nach Monaten zurück.

► Tierärztliche Behandlung

Eine Gebärmuttervereiterung muß sofort operiert werden, um das Leben der kleinen Patientin zu retten. Diabetes mellitus (Zuckerkrankheit) wird, je nach Ausprägung, durch Diätmaßnahmen oder Insulin-Injektionen behandelt (siehe S. 86).
Eine Milchdrüsenschwellung beim männlichen Tier wird mit kühlenden und abschwellenden Medikamenten therapiert.

► Häusliche Behandlung

Nach Entfernung einer entzündeten oder vereiterten Gebärmutter darf eine Freilaufkätzin 10 Tage (bis zum Fädenziehen) das Haus nicht verlassen. Sie sollte, um keinen Narbenbruch zu riskieren, nicht auf Schränke oder Kratzbäume springen.
Insulinpflichtigen Diabetikern muß täglich Insulin subkutan (unter die Haut) gespritzt werden. Zusätzlich sollte eine kohlenhydratarme Diät verfüttert werden (siehe S. 87).
Beschwerden, die durch Schwellungen des Gesäuges beim Kater entstehen, lindern kühlende, das Fell nicht verklebende Gels. Solche Präparate erhalten Sie bei Ihrem Tierarzt.

Bei der Kastration des Katers werden die Hoden entfernt.

► Vorbeugung

Der Einsatz von Hormonpräparaten zur Beeinflussung der Geschlechtsfunktion ist bei Katzen aufgrund der gesundheitlichen Risiken nicht zu empfehlen.

Naturheilkunde

Die Anwendung von Mitteln aus der Naturheilkunde als Alternative zur Operation bei einer Gebärmuttererkrankung ist abzulehnen. Das Verschleppen solcher Krankheiten führt zu bleibenden Nierenschäden und zum Tod der Katze.
Bei Diabetes mellitus wirkt ein Tee oder Absud von **Geisraute** *(Galega officinalis)*, **Griechisch Heu** *(Trigonella foenum-graecum)* oder **Heidelbeere** *(Vaccinium myrtillus)* blutzuckersenkend.
Besprechen Sie jedoch unbedingt mit Ihrem Tierarzt die zusätzliche Behandlung mit einem dieser Heilkräuter, da die täglich zu injizierende Insulinmenge darauf eingestellt werden muß.
Bei Katern mit Milchdrüsenschwellung wirkt ein Tee aus **Zinnkraut** *(Equisetum arvense)* abschwellend und bindegewebsstärkend. Entzündungen und Nekrosen treten bei täglicher Gabe von Zinnkrauttee (mit dem Futter vermischt) seltener auf.

Gefahr für den Menschen

– Keine –

BRUSTORGANE 101

Die Brustorgane **Herz** und **Lunge** sind durch das Zwerchfell, einer starken Muskelplatte, von den Bauchorganen getrennt. Durch ihre Lage und ihre Funktion sind Herz und Lunge eng miteinander verbunden. In der Lunge wird das Blut mit Sauerstoff angereichert und dann durch das Herz in den Körperkreislauf gepumpt.

Infektionen der Atemwege

► Ursachen

Alle Teile des Atemtraktes können erkranken. Die auslösenden Krankheitserreger sind in den meisten Fällen Viren, die zum Katzenschnupfenkomplex gerechnet werden (Calici-, Herpes-, Reoviren). Auch wandernde Spulwurmlarven können die Atemwege reizen. Bakterien, die sich auf der vorgeschädigten Schleimhaut zusätzlich festsetzen, verschlimmern das Krankheitsbild.

► Ansteckung

Infektionen mit Viren und Bakterien sind in der Regel ansteckend. Ob eine Katze nach Kontakt mit einem, an einer Atemwegserkrankung leidenden Artgenossen ebenfalls erkrankt, hängt von den körpereigenen Abwehrkräften des Tieres ab.

► Verlauf

Entzündungen der Nasenschleimhaut bezeichnet man als Schnupfen. Bei starkem Infektionsdruck (viele Tiere sind erkrankt und stecken sich gegenseitig an) und geschwächtem Allgemeinzustand kann sich die Entzündung der Nasenschleimhaut auf die unteren Atemwege ausdehnen. Ist der Kehlkopf mit den darin befindlichen Stimmbändern vom Krankheitsgeschehen betroffen, so sind die kleinen Patienten heiser. Eine Beteiligung der Bronchien (Bronchitis) und der Lungen (Pneumonie) kann zu lebensbedrohlicher Störung des Allgemeinbefindens führen. Häufig besteht hohes Fieber. Leitsymptome für Entzündungen des Atemtraktes sind Nasenausfluß, Husten und Atemnot. Da die genannten Symptome auch andere Ursachen haben können (z.B. Herzerkrankungen und FIP) sollte bei ihrem Auftreten immer ein Tierarzt zu Rate gezogen werden.

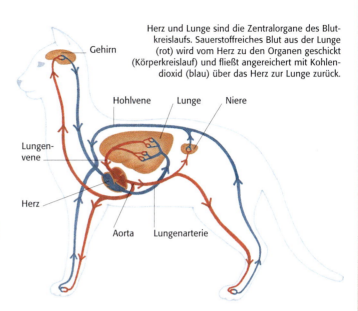

Herz und Lunge sind die Zentralorgane des Blutkreislaufs. Sauerstoffreiches Blut aus der Lunge (rot) wird vom Herz zu den Organen geschickt (Körperkreislauf) und fließt angereichert mit Kohlendioxid (blau) über das Herz zur Lunge zurück.

► Tierärztliche Behandlung

Um einer bakteriellen Zusatzinfektion und der lebensgefährlichen Ausdehnung der Entzündung auf die tieferen Atemwege vorzubeugen, wird der Tierarzt Antibiotika verabreichen. Medikamente, die die körpereigenen Abwehrkräfte stärken, sind hilfreich beim Kampf des Organismus gegen virale Krankheitserreger.

► Häusliche Behandlung

Rotlichtbestrahlung und Wärme allgemein (z.B. ein Heizkissen) haben sich besonders bei Atemwegserkrankungen bewährt. Allerdings dürfen nur fieberfreie Tiere mit Wärme behandelt werden. Da sie nicht wie wir Menschen schwitzen können, kann sonst leicht ein Hitzestau entstehen.

Bei Schnupfen hilft ein Kamilledampfbad, um die Atemwege wieder freizumachen. Setzen Sie dazu die kranke Katze in einen geschlossenen Katzenkorb und stellen Sie eine Schüssel mit dampfenden Kamillentee vor die Eingangstür. Fächeln Sie mit einem Handtuch dem Dampf in den Katzenkorb, damit er von der Katze eingeatmet werden kann. Verwenden Sie **keine ätherischen Öle** zum Dampfbad. Katzen sind sehr empfindlich und reagieren darauf häufig mit einem Kehlkopfkrampf. Es besteht Erstickungsgefahr. Kamille ist reizlos und wirkt heilend auf die entzündete Schleimhaut.

Naturheilkunde

Wie bei anderen, durch Viren ausgelöste Erkrankungen, eignen sich Präparate aus der Naturheilkunde zur Stärkung des Immunsystems hervorragend als Therapie bei Atemwegsinfekten. Präparate aus **Rotem Sonnenhut** *(Echinacea purpura)* in Tropfenform (10 Tropfen pro Tag) sowie eine Messerspitze Vitamin-C-Pulver täglich ins Futter unterstützen die körpereigenen Abwehrkräfte.
Ein Aufguß (Tee) aus **Huflattich** *(Tussilago farfara)*, etwa eine Tasse pro Tag abgekühlt unter das Futter gemischt oder direkt in die Mundhöhle eingegeben, beruhigt die entzündeten Atemwege und wirkt gegen Husten und Heiserkeit.

> **Vorbeugung**

Da häufig Katzenschnupfen-Erreger für Atemwegserkrankungen verantwortlich sind, ist die Impfung gegen Katzenschnupfen eine wichtige Vorbeugemaßnahme im Gesundheitsprogramm. Die wärmeliebenden Tiere sollten niemals extremer Kälte ausgesetzt werden. Im Winter darf die Luftfeuchtigkeit in der Wohnung nicht zu niedrig sein. Trockene Heizungsluft reizt die empfindliche Schleimhaut der Atemwege und öffnet damit Krankheitserregern Tür und Tor. Legen Sie häufig nasse Handtücher auf die Heizkörper oder verwenden Sie Luftbefeuchter.

Gefahr für den Menschen

Es gibt wenige »Erkältungsviren«, die sowohl Katzen wie Menschen befallen können. Die Ansteckung von Mensch zu Katze ist dann in der Regel wesentlich häufiger als umgekehrt. Die am häufigsten angetroffenen Krankheitserreger bei Atemwegserkrankungen der Katze sind jedoch nicht auf den Menschen übertragbar.

Tumoren des Atemtraktes

> **Ursachen**

Tumoren des Atemtraktes finden wir bei der Katze im Zusammenhang mit Leukose oder als Metastasen bei Gesäugekrebs.

> **Ansteckung**

Die Tumoren selbst sind nicht ansteckend. Sind jedoch Viren (z.B. Leukoseviren) am Krankheitsgeschehen beteiligt, so können diese auf andere Katzen übertragen werden und dort eventuell ebenfalls Tumoren des Atemtraktes auslösen.

> **Verlauf**

Husten, Müdigkeit aufgrund Sauerstoffmangel, Appetitlosigkeit, akute Atemnot bis hin zu Erstickungsanfällen stehen als Symptome im Vordergrund.

> **Tierärztliche Behandlung**

Die Chancen auf Heilung sind schlecht. Bei Leukose kann eine Paramunisierung versucht werden (siehe Leukose, S. 35). Ob bei Tumoren unserer Haustiere ebenso wie beim Menschen Bestrahlungen mit harten Gammastrahlen und Chemotherapie angewandt werden sollen, darüber kann man sicherlich diskutieren. Man darf jedoch niemals das Ziel einer Behandlung beim Tier aus den Augen verlieren:
Es gilt die Lebensfreude wiederherzustellen und zu erhalten. Ob dies bei der ungünstigen Prognose von Lungentumoren gelingt, ist sehr fraglich.
Eine Behandlung, die durch ihre Nebenwirkungen den Patienten übermäßig, d.h. mehr als die Krankheit selbst, belastet, ist dann abzulehnen, wenn die Chancen auf Heilung so verschwindend gering sind, wie bei Tumoren der tiefen Atemwege. Bei Tumoren der Nase, des Kehlkopfes und der Luftröhre kann in manchen

Fällen ein chirurgischer Eingriff zur Heilung führen.

▸ Häusliche Behandlung

Akute Atemnot und Erstickungsanfälle können plötzlich zu Hause auftreten. Neben einer Telefonnummer, über die Sie Ihren Tierarzt oder eine Tierklinik jederzeit erreichen können, sollten Sie ein Notfallpräparat zum Spritzen oder als Zäpfchen zu Hause haben.
Es gibt Medikamente, die die Bronchien erweitern und bei Erstickungsanfällen der Katze bis zum Erreichen eines Tierarztes Erleichterung verschaffen. Fragen Sie Ihren Tierarzt nach einem solchen Notfallpräparat.

Naturheilkunde

Die Mistel *(Viscum album)*, eine bereits im Jahre 1920 von Rudolf Steiner vorgeschlagene Heilpflanze für die Onkologie (Krebsheilkunde), wird auch heute noch in der anthroposophischen Medizin gegen Tumorerkrankungen eingesetzt. Auch bei Katzen wird sie bei den verschiedenartigsten Tumoren angewandt.
Hauptsächlich wirkt das zu injizierende Fertigpräparat (Iscador) stärkend auf das Immunsystem. Zusätzlich hat die Mistel zytostatische (die Zellteilung hemmende) Eigenschaften und bewirkt eine geringere Vermehrungsrate von Tumorzellen. Iscador sollte über einen längeren Zeitraum angewandt werden, wobei die Konzentration nach einem bestimmten Schema von Injektion zu Injektion gesteigert und später wieder verringert wird.

▸ Vorbeugung

Außer einer gesunden, ausgewogenen Ernährung und katzengerechter Haltung gibt es unzählige Vorbeugemaßnahmen gegen Krebs. Allen gemeinsam ist die stärkende Wirkung auf das Immunsystem.
Für Katzen eignen sich dazu *Echinacea*-Präparate und Vitamin C. Tumoren, die durch Leukoseviren ausgelöst werden, kann man durch sachgerechte Impfungen vermeiden.

Gefahr für den Menschen

– Keine –

Herzkrankheiten

▸ Ursachen

Herzerkrankungen werden bei Katzen immer häufiger diagnostiziert. Das liegt wohl daran, daß in den letzten Jahren bei dieser Tierart ein größeres Augenmerk auf Vorsorgeuntersuchungen gelegt wird als früher.
Es gibt angeborene und erworbene Herzerkrankungen. Angeborene Herzklappenfehler werden vermehrt bei roten Katzen und Perserkatzen diagnostiziert. Es wird vermutet, daß es sich dabei um eine erbliche Krankheit handelt.

▸ Ansteckung

Herzerkrankungen sind nicht ansteckend.

▸ Verlauf

Die Symptome sind unterschiedlich, je nachdem, welcher Teil des Herzens verändert ist. Zu Beginn sind sie für den Katzenbesitzer nicht erkennbar. Eine geringe Leistungsminderung wird auf das zunehmende Alter des Tieres geschoben. Da ein krankes Herz seine Funktion nicht ausreichend erfüllen kann, kommt es zu Mangeldurchblutungen in den verschiedensten Organen. Es entstehen Schäden vor allem in den Nieren, der Leber und im fortgeschrittenen Stadium im Gehirn (z.B. Schlaganfall). Leider werden die meisten herzkranken Tiere erst zum Tierarzt gebracht, wenn sich durch Stauungen im Kreislauf Wasser in der Lunge ansammelt und die Patienten unter schwerer Atemnot leiden.

▸ Tierärztliche Behandlung

Der Tierarzt kann bei der Auskultation des Herzens (Abhören mit dem Stethoskop) Abnormitäten des Herzschlags, Nebengeräusche, Herzrhythmusstörungen oder Wasseransammlungen in der Lunge feststellen.
Eine genauere Diagnose wird durch Röntgen, EKG und Ultraschall gestellt. Blutuntersuchungen sind erforderlich, um festzustellen, inwieweit bereits andere Organe am Krankheitsgeschehen beteiligt sind.
Die Therapie einer Herzerkrankung gehört in die Hände eines Spezialisten und ist je nach Art

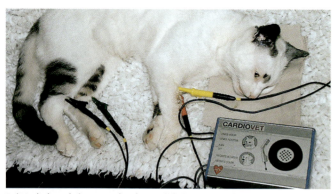

Bei Verdacht auf eine Herzerkrankung wird ein EKG angefertigt.

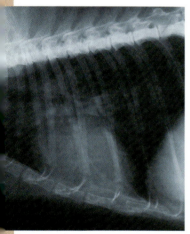

Durch eine Röntgenaufnahme kann der Tierarzt die Größe und Form des Herzens beurteilen.

der Krankheit und individuellem Krankheitsbild verschieden. Häufig müssen die Medikamente lebenslang gegeben werden, auch wenn es dem Tier wieder besser geht. Da es sich bei vielen Herzkrankheiten um einen Organschaden handelt, der sich nicht mehr regenerieren läßt, geht es dem kleinen Patienten ja nur deshalb besser, weil er die unterstützenden Medikamente erhält. Ein plötzliches Absetzen der Arzneimittel kann fatale Folgen haben; unter Umständen sogar den Tod des Patienten verursachen.

▸ Häusliche Behandlung

Eine herzkranke Katze muß konsequent ihre Medikamente einnehmen. Besonders bei Freilaufkatzen, die ja nicht immer zu der gleichen Zeit wieder zu Hause sind, ist das manchmal etwas problematisch. Hier liegt es am Tierbesitzer, die konsequente medikamentöse Therapie zu gewährleisten. Körperlicher und seelischer Streß belasten das Herz und sollten nach Möglichkeit von dem Patienten ferngehalten werden.
Lange Urlaubsfahrten mit dem Auto oder gar Flugreisen, aber auch die Unterbringung in einer Tierpension sind je nach Stadium der Herzkrankheit nicht ungefährlich. Besprechen Sie sich daher mit Ihrem Tierarzt bevor Sie Ihren Urlaub planen.

Naturheilkunde

Präparate aus der Naturheilkunde sind bei schweren Herzerkrankungen keine Alternative zu den vom Tierarzt verordneten Medikamenten, sondern lediglich Begleittherapie. Sie können keine herzentlastenden (z.B. ACE-Hemmer) oder herzunterstützenden Präparate (z.B. Digitalis) ersetzen.
Zur Unterstützung, vor allem im Sommer bei schwülem Wetter, eignet sich **Weißdorn** *(Crataegus oxyacantha* und *Crataegus monogyna)*. Sie erhalten Weißdorn in Tropfen- oder Tablettenform.
5–10 Tropfen oder 1 Tablette werden der Katze täglich verabreicht. Das Hauptanwendungsgebiet des Weißdorns sind degenerative Herzerkrankungen, wie sie bei der Katze häufig auftreten.
Im Anfangsstadium, wenn noch keine anderen Medikamente erforderlich sind, kann Weißdorn für einige Zeit die einzige Therapie sein. Viele Tierärzte verwenden die Heilpflanze bei diagnostizierten Herzerkrankungen im Frühstadium, wenn noch keine Symptome auftreten, um die fortschreitende Verschlechterung des kranken Herzens hinauszuzögern.

▸ Vorbeugung

Regelmäßige Herzkontrolle einmal im Jahr (beim Impftermin) durch Auskultation und bei kooperativen Tieren ab dem 6. Lebensjahr einmal jährlich ein EKG (Elektrokardiogramm) helfen Herzkrankheiten im Frühstadium zu erkennen.

Gefahr für den Menschen

– Keine –

Giftstoffe

Folgende Stoffe können bei der Katze zu Vergiftungen führen:

▶ Benzoesäure

Der Konservierungsstoff Benzoesäure (E210 und E213) wird im Katzenkörper sehr langsam abgebaut.
Häufige Verfütterung von Nahrungsmitteln, die Benzoesäure enthalten, führt zur Ansammlung des Stoffes und zu Vergiftungserscheinungen. Sie zeigen sich durch zentralnervöse Störungen mit unkoordinierten Bewegungen, Muskelzittern und Erblinden.

▶ Acetylsalicylsäure

Das Medikament Acetylsalicylsäure, besser bekannt unter dem Handelsnamen Aspirin ist für Katzen giftig. Eine Tablette (500 mg) kann bei dieser empfindlichen Tierart Magenblutungen, Leber- und Knochenmarksschädigung, Blutbildveränderung, Erbrechen und Krämpfe hervorrufen.
1–2 Aspirintabletten führen bei der Katze innerhalb kurzer Zeit zum Tode.

▶ Jod

Auf jodhaltige Desinfektionsmittel reagiert die Katze sehr empfindlich. Durch die Aufnahme der Substanz kann es zu Magen-Darm-Entzündungen, Herzminderleistungen bis hin zum Koma kommen.

▶ Hexachlorophen

Hexachlorophen ist in vielen antiseptischen Mitteln und Toilettenartikeln enthalten. Dieser Wirkstoff wird bei der Katze durch die intakte Haut aufgenommen und führt zu zentralnervösen Störungen mit schweren Krampfzuständen, die der Tierarzt oft nur durch eine Narkose beeinflussen kann.

▶ Nikotin

Nikotin wird von Katzen beim Spielen mit Zigaretten, Tabak oder abgebrannten Zigarettenresten aufgenommen. Es wirkt auf das Atemzentrum und führt nach anfänglicher Erregung mit Speicheln und Erbrechen zum Atemstillstand.

▶ Benzin und Heizöl

Diese Stoffe rufen bei der Katze Hautreizungen hervor. Wenn die Tiere sie beim Putzen des Fells aufnehmen, entstehen Entzündungen der Mundschleimhaut und des Magen-Darm-Kanals. Größere Mengen führen zu Kreislaufschwäche und Krämpfen. Auch Todesfälle sind bei Katzen, die sich gerne in warmen Heizungskellern aufhalten, schon vorgekommen.

▶ Terpentin

Terpentin wird durch die unverletzte Haut resorbiert (aufgenommen). Es führt zu Übelkeit, Koliken, Nieren- und Leberschäden. Verwenden Sie daher niemals Terpentin oder ein sonstiges Lösungsmittel, um das Fell der Katze von eventuellen Farbflecken, die versehentlich beim Renovierung der Wohnung auftreten, zu entfernen.

▶ Lösungsmittel

Lösungsmittel, die bei Wohnungsrenovierungen aus Farben oder Klebstoffen entweichen, führen durch Einatmen bei Katzen zu schweren Leberschäden. Sogar wochenlanges Lüften verringert die Gefahr der Vergiftung nur wenig, da sich die kleinen Tiere sehr nahe am Teppich aufhalten. Auch für den Menschen sind diese Stoffe nicht ganz ungefährlich. Verwenden Sie daher Ihrer und der Gesundheit der Katze zuliebe grundsätzlich lösungsmittelfreie Farben und Klebstoffe.

▶ Rattengifte

Zwei Substanzen werden häufig als Rattengifte verwendet: Cumarin und Strychnin.
Eine Katze wird selten ausgelegte Köder mit Nagetiergiften fressen.
Die Aufnahme von Rattengift geschieht meist indirekt durch vergiftete Beutetiere oder bei der Körperpflege durch Aufnahme von Gift aus dem Fell.
Krämpfe und erweiterte Pupillen (Strychnin) sowie porzellanweiße Schleimhäute, Erbrechen und blutige Durchfälle (Cumarin) können Anzeichen für eine Vergiftung mit Rattengift sein.

VERGIFTUNGEN

> **Flohpulver und Flohsprays**

Flohpulver und Flohsprays dürfen niemals am Tier direkt angewandt werden. Katzen schlecken die Insektizide bei der Körperpflege ab und nehmen dadurch große Mengen der giftigen Substanzen auf. Die vergifteten Kätzchen sind matt, lustlos und nehmen weder Nahrung und Flüssigkeit auf. Das Zahnfleisch ist sehr blaß. Manchmal werden starker Speichelfluß, Durchfall, unkoordinierte Bewegungen und Krämpfe beobachtet. Je nach Wirkstoff kann die Leber geschädigt werden.

Was tun bei Vergiftungen?

1. Das Gift aus dem Fell gründlich entfernen.
2. 2 Teelöffel Aktivkohle (aus der Apotheke) in 75 ml Wasser auflösen und dem Patienten eingeben.
   Die Kohle bindet das Gift im Magen und Darm.
3. Sofort einen Tierarzt aufsuchen – jede Minute zählt! Wenn möglich, sollten Sie eine Giftprobe mitnehmen.

Hexachlorophen ist in vielen Toilettenartikeln enthalten und für Katzen giftig.

Giftpflanzen

Viele Zimmer-, Balkon- und Gartenpflanzen können bei Katzen zu Vergiftungen führen.
Bei einigen ist die Giftwirkung bekannt, bei vielen anderen jedoch nicht. Die nachfolgende Liste hat daher keinen Anspruch auf Vollständigkeit.
Katzenfreunde sind sicher mit mir darüber einig, daß Tierversuche zur Erweiterung der Liste abzulehen sind.

▶ Giftige Zimmerpflanzen

- Alpenveilchen
- Azaleen
- Diefenbachia
- Efeu
- Farne
- Fatsia japonica
- Hortensien
- Kalla
- Lorbeer
- Mistel
- Oleander
- Philodendron
- Primeln
- Rhododendron
- Weihnachtsstern
- Wolfsmilcharten

Nadeln und Rinde von Nadelbäumen (Coniferen); auch Wasser, das damit in Kontakt gekommen ist wie z.B. Wasser aus Christbaumständern.

Auch Zimmerpflanzen – hier Weihnachtssterne – können zu Vergiftungen führen.

▶ Giftige Balkon- und Gartenpflanzen

- Bilsenkraut
- Bohnen
- Buchsbaum
- Eibe
- Eisenhut
- Fingerhut
- Goldregen
- Glyzine
- Hortensie
- Hyazinthen
- Kreuzkraut
- Lupinen
- Maiglöckchen
- Nachtschattengewächse
- Narzissen
- Rittersporn
- Schierling
- Seidelbast
- Spindelbaum
- Stechapfel
- Tulpen

Das Anknabbern von Zimmerpflanzen ist eine Untugend besonders junger Kätzchen. Wenn Sie Ihre Katze in flagranti ertappen, vertreiben Sie sie mit einem Strahl Wasser aus der Blumenspritze.
Als Alternative zu den Zimmerpflanzen sollten Katzen immer frisches Gras zu ihrer Verfügung haben.

SINNESORGANE

Gesichts- und Gehörsinn sind bei der Katze besonders ausgeprägt. Den **Augen** und den **Ohren** ist daher bei der Gesundheitskontrolle besondere Aufmerksamkeit zu widmen.

Krankheiten der Augenlider

➤ Ursachen

Neben angeborenen Anomalien können Verletzungen, bakterielle Infektionen, Milben, Pilze und Tumoren zu Veränderungen der Augenlider führen. Bakterielle Infektionen entstehen meist aus unversorgten Kampfverletzungen. Besteht Juckreiz an den entzündeten Augenlidern, verletzen sich die Tiere häufig durch Kratzen selbst am Auge. Ein Zusammenhang zwischen starker Sonnenbestrahlung und der Entstehung von Hauttumoren (auch an den Augenlidern) wird bei weißen Katzen vermutet.

➤ Ansteckung

In der Regel sind Augenlidveränderungen nicht von Katze zu Katze übertagbar. Ausnahmen sind Infektionen mit Pilzen oder Milben.

➤ Verlauf

Unversorgte Kratz- oder Bißwunden können sich innerhalb weniger Stunden zu ausgedehnten Abszessen entwickeln und sollten so früh wie möglich behandelt werden.

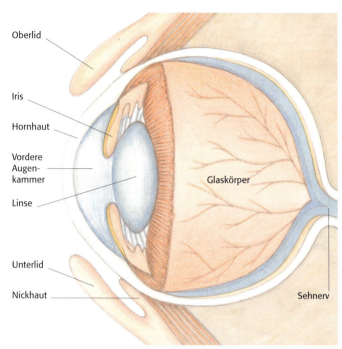

Längsschnitt durch das Auge. Die Erhaltung des Augenlichtes seines vierbeinigen Freundes strebt jeder Katzenbesitzer an.

Lidverletzungen sind meist Kampfwunden.

Lidtumoren bei der Katze sind zwar selten, dafür jedoch leider in den meisten Fällen bösartig. Hier ist eine frühzeitige Behandlung lebensrettend. Hautpilze und Milben befallen in den seltensten Fällen nur die Augenlider. Meist ist die ganze Kopfregion oder der ganze Körper mitbetroffen.

➤ Tierärztliche Behandlung

Verletzungen werden gründlich gereinigt und desinfiziert. Bei größeren Verletzungen wird der Tierarzt Antibiotika einsetzen, um eine Abszeßbildung zu verhindern. Lidtumoren sollten immer chirurgisch entfernt werden.

Die Kryotherapie (Kältetherapie) hat sich in diesem Zusammenhang bewährt. Dabei wird der Tumor mit einer Sonde so stark vereist, daß die Krebszellen absterben. Meist ist für diesen Eingriff keine Narkose erforderlich. Bei Infektionen mit Pilzen und Milbenbefall muß die Therapie die gesamte Haut und das Fell miteinbeziehen.

➤ Häusliche Behandlung

Häufig sind die verletzten Augenlider mit Entzündungssekreten verklebt. Zu Hause werden dann die Augen mit warmem Wasser mehrmals täglich gereinigt. Eine vom Tierarzt eventuell verordnete Salbe muß konsequent ein- bis zweimal täglich über 7 Tage verabreicht werden.

Naturheilkunde

Schlecht heilende, eitrige Wunden sprechen sehr gut auf **Ringelblume** *(Calendula officinalis)* an. Bei der Katze können Sie warmen Ringelblumentee als Kompresse bei verletzten oder entzündeten Augenlidern verwenden. Pressen Sie etwa 1–2 Minuten einen in Ringelblumentee getränkten Wattebausch auf das erkrankte Auge.
Kompressen mit Kräutertee dürfen nicht angewandt werden, wenn das Auge selbst verletzt ist (auch keinen Kamillentee!). Sie enthalten immer Schwebstoffe, die die Augen zusätzlich reizen.

➤ Vorbeugung

Weiße Katzen sollten nicht zu starker Sonnenbestrahlung ausgesetzt werden.

Gefahr für den Menschen
– Keine –

Krankheiten der Bindehaut

➤ Ursachen

Bindehautentzündungen (Konjunktividen) treten bei Katzen häufig auf. Ursachen sind in der Regel Infektionserreger wie z.B. Herpes- und Caliciviren, Chlamydien oder Mykoplasmen. Diese Krankheitserreger sind auch für die Entstehung des infektiösen Katzenschnupfens verantwortlich. Auch Allergien oder Reizungen

Bindehautentzündungen beeinträchtigen durch Juckreiz und Schmerzen die Lebensfreude des Patienten.

durch starken Zigarettenrauch können Bindehautentzündungen hervorrufen. Zusätzliche Infektionen mit Bakterien verschlimmern das Krankheitsbild.

➤ Ansteckung

Bindehautentzündungen, die durch Krankheitserreger hervorgerufen werden, können von Katze zu Katze, aber auch über Gegenstände, Futterschüsselchen oder Transportkörbe übertragen werden.

➤ Verlauf

Typische Symptome sind Augenausfluß, Rötung und Juckreiz. Bei Beteiligung von Bakterien wird der anfänglich klare Augenausfluß trübe.

➤ Tierärztliche Behandlung

Da Bindehautentzündungen häufig im Zusammenhang mit infektiösem Katzenschnupfen auftreten, wird der Tierarzt nicht nur das Auge, sondern die »ganze Katze« behandeln. Bei Beteiligung von Bakterien am Krankheitsgeschehen werden antibiotikahaltige Augensalben eingesetzt.

110 SINNESORGANE

Wird der Augenausfluß trübe, sind Bakterien am Krankheitsgeschehen mit beteiligt.

Eine Viruskonjunktivitis läßt sich oft durch Stärkung der körpereigenen Abwehrkräfte mit Paramunitätsinducern (vom Tierarzt zu injizieren) und Vitamin C gut beeinflussen. Bei Allergien sollte im günstigsten Fall die allergieauslösende Substanz aus dem Bereich des kleinen Patienten entfernt werden. Ist dies nicht möglich, so läßt sich bei starken Beschwerden der Einsatz von Kortison nicht vermeiden. Zigarettenrauch ist auch für Katzen und nicht nur für deren Augen schädlich. In Räumen, in denen Katzen leben, sollte daher nicht geraucht werden.

▶ Häusliche Behandlung

Antibiotikahaltige Augensalben müssen mindestens 7 Tage verabreicht werden. Auch wenn vor Ablauf dieser Zeit die Symptome verschwinden, muß die Behandlung zu Hause fortgesetzt werden, um Rückfälle zu vermeiden. Eventuell übriggebliebene Salben sollten Sie Ihrem Tierarzt zurückgeben, damit er sie zum Sondermüll geben kann. Bitte heben Sie geöffnete Augensalben-Tuben oder Augentropfen nicht länger als 8 Tage auf. Sie werden durch die Außenluft bakteriell verunreinigt und richten beim erneuten Gebrauch mehr Schaden als Nutzen an.

Bei einer Konjunktivitis hat sich eine heiße Augenkompresse vor der Verabreichung der Augensalbe sehr bewährt. Dabei wird ein mit sehr **heißem** Wasser getränkter Wattebausch ca. 2 Minuten auf jedes entzündeten Auge gepreßt. Eingetrocknete Sekrete werden dadurch schonend gelöst und gleichzeitig wird die Durchblutung der Augenbindehaut und damit die Heilung gefördert. Das Wasser darf ruhig so heiß sein, daß sie es gerade noch, wenn sie die Temperatur auf Ihrem Handrücken prüfen, ertragen können.

Naturheilkunde

Roter Sonnenhut *(Echinacea purpurea)* stärkt die Abwehrkräfte der kranken Katze. Auch bei Bindehautentzündungen haben sich 5–10 Tropfen pro Tag, mit dem Futter verabreicht, bewährt.

▶ Vorbeugung

Die Impfung gegen Katzenschnupfen beugt Erkrankungen des Auges durch Katzenschnupfenerreger vor.

Gefahr für den Menschen

– Keine –

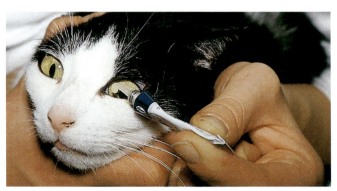

Antibiotikahaltige Augensalben müssen mindestens 6 Tage in das erkrankte Auge eingebracht werden.

Nickhautvorfall

> **Ursachen**

Das Sichtbarwerden des dritten Augenlides (Nickhaut) bei der Katze ist ein Zeichen für starken Bandwurmbefall. Das Symptom tritt aber auch bei Infektions- und Nervenerkrankungen oder Schwächezustände auf.

> **Ansteckung**

Wenn eine Infektionskrankheit Ursache des Nickhautvorfalls ist, kann diese auf andere Katzen übertragen werden.

> **Verlauf**

Die knorpelige Membran, auch Nickhaut oder drittes Augenlid genannt, liegt normalerweise versteckt im inneren Augenwinkel. Bei den oben genannten Erkrankungen kann sie bis in die Mitte der Augen vorfallen und sie bis zur Hälfte verdecken.

> **Tierärztliche Behandlung**

Da Nickhautvorfall ein Symptom für eine Allgemeinerkrankung ist, wird der Tierarzt die Katze gründlich untersuchen. Zur Diagnosestellung ist oft eine Blut- und Kotuntersuchung erforderlich. Die Behandlung richtet sich dann nach der Grundkrankheit.

> **Häusliche Behandlung**

Die häusliche Behandlung richtet sich nach der Grundkrankheit.

> Naturheilkunde

Wie bei der Grundkrankheit.

> **Vorbeugung**

Regelmäßige Gesundheitskontrollen einschließlich parasitologischer Kotuntersuchungen.

> Gefahr für den Menschen

– Keine –

Erkrankungen des Tränenapparates

> **Ursachen**

Unter Ephiphora, einem krankhaften **Tränenfluß** mit brauner Sekretrinne vom Augenwinkel bis in die Mitte des Gesichts, leiden viele Perserkatzen. Ursache ist hier die kurznasige Kopfform, die oft mit einer Verengung des Tränen-Nasen-Kanals einhergeht. Verstopft der ohnehin enge Kanal oder verklebt er durch Entzündungsvorgänge, so fließt die Tränenflüssigkeit nicht mehr ab. Das betroffene Auge »läuft über«, wodurch die bereits erwähnte Sekretrinne entsteht.

> **Ansteckung**

Es besteht keine Ansteckungsgefahr für andere Katzen.

> **Verlauf**

Neben der bereits erwähnten unschönen Sekretrinne, können sich in der Augenbindehaut und auf der Haut unter der Sekretrinne Entzündungen bilden.

> **Tierärztliche Behandlung**

Handelt es sich nur um eine Verstopfung des Abflußkanals, so kann das Übel durch eine Spülung mit einer Sonde behandelt werden. Bei Verklebungen des Tränen-Nasen-Kanals wird das Hindernis mit der Sonde durchstoßen. Diese Behandlung ist in der Regel nur unter Narkose durchführbar. Oft muß diese

Den Vorfall des 3. Augenlides sieht man oft im Zusammenhang mit Bandwurmbefall.

Perserkatzen leiden häufig unter Verstopfung des Tränen-Nasen-Kanals.

Prozedur mehrmals wiederholt werden, bis sich dauerhafter Erfolg zeigt. In manchen Fällen ist die Therapie jedoch nicht erfolgreich.

› Häusliche Behandlung

Augenkompressen mit einem in heißem Wasser (kein Kamillentee!) getränkten Wattebausch reinigen die Augen und die Sekretrinne. Eine übermäßige Verfärbung des Fells und Entzündungen der Haut durch die überfließende Tränenflüssigkeit können durch Einreiben mit Vaseline verhindert werden.

> **Naturheilkunde**
>
> Das Fell unter dem »überfließenden« Auge kann mit Ringelblumensalbe eingerieben werden.
> Das verhindert die Verfärbung des Fells, beugt Entzündungen vor und heilt bereits bestehende Irritationen der Haut.

› Vorbeugung

Nicht möglich.

> **Gefahr für den Menschen**
>
> – Keine –

Erkrankungen der Augenhornhaut

› Ursachen

Entzündliche und nichtentzündliche Veränderungen der Augenhornhaut (Kornea) werden häufig durch Verletzungen, Infektionserreger (vor allem Herpesviren) oder Allgemeinerkrankungen hervorgerufen.
Eine wässerige Anschwellung der Augenhornhaut wird manchmal bei Manx-Katzen beobachtet. Es handelt sich dabei um eine Erbkrankheit.

› Ansteckung

Sind Infektionserreger für Hornhautveränderungen verantwortlich, können diese auf andere Katzen übertragen werden und dort eventuell ebenfalls Hornhauterkrankungen hervorrufen.

› Verlauf

Korneaerkrankungen sind sehr schmerzhaft. Die Augenhornhaut wird trübe, die Sehfähigkeit behindert. Im fortgeschrittenen Stadium, vor allem bei bakterieller Zusatzinfektion, kann die Kornea durchbrechen, was häufig den Verlust des Auges zur Folge hat.

› Tierärztliche Behandlung

Zur Untersuchung der Kornea tropft der Tierarzt eine fluoreszierende Flüssigkeit in das erkrankte Auge. Hornhautverletzungen oder Geschwüre werden dadurch gelblich fluorezierend angefärbt und sind bei Lichteinfall deutlich zu erkennen.
Antibiotikahaltige (bei Herpesvirus-Infektionen antivirale) Augensalben müssen mehrmals täglich verabreicht werden. Bei ausgeprägten Hornhautveränderungen oder durchgebrochener Hornhaut hilft nur eine Operation, um das Auge zu retten.

› Häusliche Behandlung

Zu Hause muß die vom Tierarzt verordnete Salbe konsequent in das erkrankte Auge eingebracht werden. Ist die Katze zu wehrhaft, um die Behandlung zu

SINNESORGANE 113

Unbehandelte Hornhautverletzungen können zum Verlust des betroffenen Auges führen.

Zum Sichtbarmachen einer Hornhautverletzung wird eine fluoreszierende Flüssigkeit in das Auge eingeträufelt.

Durch die fluoreszierende Flüssigkeit sichtbar gemachtes Hornhautgeschwür.

Hause durchzuführen, muß sie in eine Klinik.

Naturheilkunde

Bei Herpesvirus-Infektionen des Auges hilft die Stärkung der körpereigenen Abwehrkräfte durch **Roten Sonnenhut** *(Echinacea purpurea)*. 5–10 Tropfen eines Fertigpräparates werden der Katze täglich mit dem Futter verabreicht.

➤ **Vorbeugung**

Nicht möglich.

Gefahr für den Menschen

– Keine –

Grüner Star

➤ **Ursachen**

Das Glaukom, im Volksmund auch Grüner Star genannt, ist eine Notfallsituation und erfordert sofortiges Handeln, um der Katze das Augenlicht zu erhalten.
Es handelt sich um eine Behinderung des Augenkammerwasser-Abflusses mit Erhöhung des Augeninnendrucks.

➤ **Ansteckung**

Es besteht keine Ansteckungsgefahr für andere Katzen.

➤ **Verlauf**

Das betroffene Auge ist gerötet und fühlt sich prall an. Die Tiere leiden durch den Druck auf den Sehnerv starke Schmerzen und können innerhalb weniger Stunden erblinden. Das Verhalten der kleinen Patienten ist durch die starken Schmerzen verändert. Je nach Charakter verkriechen sie sich, lehnen Nahrung und Flüssigkeit ab oder sind unruhig und reiben das Köpfchen an Polstermöbeln oder am Boden. Jede Verhaltensänderung der Katze, die auf Schmerzen schließen läßt, in Verbindung mit Rötung eines oder beider Augen sollte immer Anlaß genug sein, einen Tierarzt zu konsultieren (auch nachts!).

> **Tierärzliche Behandlung**

Mit den Kammerwinkel erweiternden Augentropfen kann der Augendruck in manchen Fällen gut kontrolliert werden. Bei fortgeschrittenem Glaukom hilft meist nur ein chirurgischer Eingriff.

> **Häusliche Behandlung**

Augentropfen zur Behandlung eines Glaukoms müssen nach tierärztlicher Verordnung konsequent eingeträufelt werden. Bei Verhaltensänderungen des Tieres oder Veränderungen am Auge sollten sie nicht warten, sondern sofort Ihren Tierarzt aufsuchen.

Naturheilkunde
Keine Behandlung möglich.

> **Vorbeugung**

Nicht möglich.

Gefahr für den Menschen
– Keine –

Veränderungen der Pupille

> **Ursachen**

Einseitige Größenveränderung der Pupille sowie ein- oder beidseitige Pupillenstarre bei Lichteinfall beobachtet man im Zusammenhang mit Nervenerkrankungen, Virusinfektionen (Leukose, FIP) oder bei Tumoren des Zentralnervensystems. Auch bei Schädigung des Gehirns, z.B. durch einen Unfall, können solche Veränderungen auftreten.

> **Ansteckung**

Werden Veränderungen der Pupille durch Infektionskrankheiten hervorgerufen, können diese auf andere Katzen übertragen werden und dort eventuell die gleichen Symptome hervorrufen.

> **Verlauf**

Wenn sich die Pupille bei Lichteinfall nicht mehr zusammenzieht, kann das Auge durch UV-Strahlung geschädigt werden. Die Sehfähigkeit ist durch eine Pupillenstarre beeinträchtigt.

> **Tierärztliche Behandlung**

Die tierärztliche Behandlung richtet sich nach der Grundkrankheit.

> **Häusliche Behandlung**

Vermeiden von zu grellem Licht oder Sonnenbestrahlung bei der Katze. Das UV-Licht dringt in das ungeschützte Auge und schädigt den Sehnerv.

Naturheilkunde
Wie bei der Grundkrankheit.

> **Vorbeugung**

Nicht möglich.

Gefahr für den Menschen
– Keine –

Unterschiedliche Pupillengröße aufgrund einer Nervenerkrankung.

SINNESORGANE

Grauer Star

▶ Ursachen

Durchblutungsstörungen aufgrund einer Minderleistung des Herzens sind oft die Ursachen für eine schleichende Trübung der Augenlinse (Katarakt oder Grauer Star), die mit zunehmendem Alter auftritt. Bei der Katze ist der Altersstar wesentlich seltener als beim Hund. Katarakte bei der Katze werden häufig im Zusammenhang mit Diabetes mellitus und als Folge von Kampfverletzungen gesehen.

▶ Ansteckung

Es besteht keine Ansteckungsgefahr für andere Katzen.

▶ Verlauf

Mit zunehmender Trübung der Augenlinse wird die Sehkraft beeinträchtigt.

▶ Tierärztliche Behandlung

Theoretisch ist es möglich eine vollständig trübe Linse chirurgisch zu entfernen. Diese Operation wird bei der Katze nur selten durchgeführt. Bei Durchblutungsstörungen aufgrund Minderleistung des Herzens muß die Grundkrankheit behandelt werden.

▶ Häusliche Behandlung

Nicht möglich.

Gefahr für den Menschen
– Keine –

Naturheilkunde

Es gibt keine Präparate aus der Naturheilkunde gegen Grauen Star.

Erkrankungen der Netzhaut (Retina)

▶ Ursachen

Krankhafte Veränderungen der Netzhaut werden durch Viren (Katzenseuchen-Virus, Leukose- und FIP-Viren) hervorgerufen. Eine ernährungsbedingte Retinadegeneration (Netzhautrückbildung) entsteht durch vegetarische Ernährung sowie überwiegende Ernährung mit Milchprodukten oder Hundefutter. Bei einer solchen Fütterung entsteht ein Mangel an der essentiellen Aminosäure Taurin.
Die progressive Retinaatrophie (PRA) bei Perserkatzen und Abessinischen Rassekatzen ist eine Erbkrankheit.

▶ Ansteckung

Wenn Viren für die Veränderung der Retina verantwortlich sind, können diese auf andere Katzen übertragen werden und dort ebenfalls Netzhautveränderungen hervorrufen.

▶ Verlauf

Nicht entzündliche Retinaerkrankungen findet man im Zusammenhang mit dem Panleukopenie-Virus. Bei FIP und Leukose löst sich die Retina ab oder es entstehen Blutungen.
Ist ein Mangel an Taurin die Ursache der Retinaerkrankung, so kommt es innerhalb weniger Wochen zu einer fortschreitenden Erblindung.
Bei PRA, der erblichen Retinaatrophie, erblinden die betroffenen Kätzchen langsam. Der Krankheitsprozeß kann sich über 1–2 Jahre hinziehen. Die ersten Anzeichen treten bei Perserkatzen schon im Alter von 2–3 Monaten auf; bei Abessinischen Rassekatzen erst ab dem 6. Lebensjahr.

▶ Tierärztliche Behandlung

Die tierärztliche Behandlung richtet sich nach der Grundkrankheit. Bei der PRA ist eine Behandlung nicht möglich.

▶ Häusliche Behandlung

Ist die Retinaerkrankung ernährungsbedingt, kann eine sofortige Futterumstellung den Krankheitsprozeß stoppen.
Bei fortgeschrittener Degeneration kommt jedoch jede Hilfe zu spät. In der Regel können die betroffenen Kätzchen mit Ihrer Sehbehinderung leben, wenn sie nur in der Wohnung gehalten werden.

Naturheilkunde

Es gibt keine Präparate aus der Naturheilkunde zur Behandlung von Retinaerkrankungen.

▶ Vorbeugung

Impfungen gegen Katzenseuche, FIP- und Leukose schützen vor

virusbedingten Retinaerkrankungen. Eine artgerechte Ernährung schützt vor ernährungsbedingter Retinaatrophie.

Katzen sind Fleischfresser! Eine vegetarische Ernährung dieser Tiere (z.B. aus ethischen Gründen) oder die einseitige Fütterung mit Milchprodukten oder Hundefutter ist Tierquälerei!

Um eine Weiterverbreitung der erblich bedingten PRA zu verhindern, sollte mit betroffenen Tieren (männlich wie weiblich) grundsätzlich nicht gezüchtet werden.

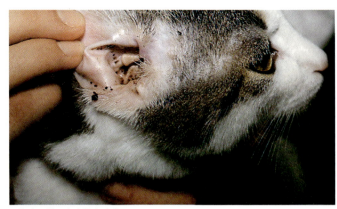

Bei Ohrmilbenbefall sind die Ohren mit Parasiten und bräunlich-krümeligem Ohrenschmalz bis zum Rand gefüllt.

Nach 1 Woche sollte der Behandlungserfolg kontrolliert werden.

Gefahr für den Menschen
– Keine –

Ohrmilben

➤ Erreger
Ohrmilben sind Parasiten, die den **äußeren Gehörgang** der Katze bewohnen und dort Entzündungen verursachen.

➤ Ansteckung
Die Parasiten können durch direkten Kontakt von Katze zu Katze sowie über Decken und Transportkörbe u.ä. übertragen werden.

➤ Verlauf
Ohrmilben können Katzen jeden Alters befallen. Das Ohr wehrt sich durch vermehrte Ohrenschmalzproduktion, wodurch im Allgemeinen einzelne Milben ab-

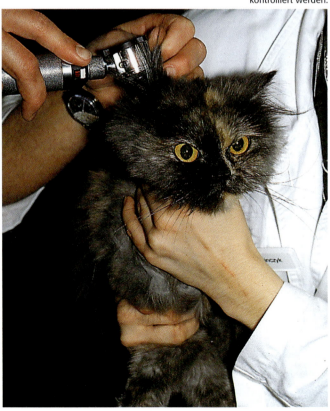

sterben. Lediglich bei geschwächten, sehr jungen oder alten Tieren kommt es zu Massenbefall mit Ohrmilben und den daraus entstehenden Störungen.
Erstes Anzeichen ist Juckreiz. Die Katze kratzt sich ständig an den Ohren und schüttelt den Kopf. Typisch für Milbenbefall ist die dunkelbraune bis schwarze Farbe und die trockene, krümelige Beschaffenheit des Ohrenschmalzes.
Zusätzliche Infektionen mit Bakterien und Pilzen führen zu schweren Entzündungen, die sich, wenn sie nicht behandelt werden, bis ins Mittelohr ausdehnen können.

▶ Tierärztliche Behandlung

Der Tierarzt wird zunächst das Ohr gründlich reinigen und danach ein Präparat hineinträufeln, welches die Parasiten abtötet.

▶ Häusliche Behandlung

Die Ohrbehandlung muß zu Hause noch mindestens 6 Tage weitergeführt werden. Das flüssige Medikament wird einmal täglich in die Ohren getropft. Sparen Sie nicht dabei. Die Ohren müssen randvoll gefüllt werden (siehe auch S. 25).
Das Präparat wird mit kreisenden Bewegungen bis zum Trommelfell massiert, damit auch tiefsitzende Parasiten erreicht werden. Putzen Sie die Ohrmuscheln der Katze nach der Behandlung nur außen mit einem Papiertaschentuch leicht ab.

Gehen Sie niemals mit einem Wattestäbchen in den Gehörgang! Sie drücken dadurch Entzündungsprodukte tief in das Ohr und verschlimmern nur das Krankheitsbild. Nach einer Woche sollten Sie den Patienten erneut dem Tierarzt zur Kontrolle vorstellen.
Manchmal kann es erforderlich sein, die Therapie noch ein paar Tage zu verlängern, damit die Ohrerkrankung völlig abheilt.

Naturheilkunde

Tiere mit massivem Parasitenbefall sind in ihrer körpereigen Abwehr geschwächt, sonst könnten sich die Milben gar nicht erst in diesen Mengen vermehren. Zusätzlich zu der lokalen Ohrbehandlung empfiehlt es sich daher, die Abwehrkräfte mit Präparaten aus der Naturheilkunde zu stärken.
Dazu eignet sich *Roter Sonnenhut (Echinacea purpurea)*. Die Tinktur aus dieser Heilpflanze kann der Katze mit dem Futter (5–10 Tropfen pro Tag) verabreicht werden.

▶ Vorbeugung

Ein- bis zweimal pro Jahr, im Rahmen einer allgemeinen Gesundheitskontrolle, sollte auch mit einem Otoskop in die Ohren geschaut werden, um eventuellen Milbenbefall im Anfangsstadium, d.h. bevor massive Entzündungen entstehen, erkennen und behandeln zu können.

Gefahr für den Menschen

– Keine –

Mittelohrentzündung

▶ Ursachen

Chronische oder unbehandelte Entzündungen des äußeren Gehörgangs sowie aufsteigende Infektionen aus dem Nasen-Rachen-Raum können sich auf das Mittelohr ausdehnen.

▶ Ansteckung

Die Erreger, die für die Entzündung verantwortlich sind, können auf andere Katzen übertragen werden und dort eventuell ebenfalls eine Mittelohrentzündung hervorrufen.

▶ Verlauf

Eine Mittelohrentzündung ist sehr schmerzhaft. Typisches Symptom ist das Schiefhalten des Kopfes nach der Seite des erkrankten Ohres. Das Allgemeinbefinden der Katze ist gestört. Häufig besteht Fieber.

▶ Tierärztliche Behandlung

Der Tierarzt wird hochdosiert und über längere Zeit Antibiotika verabreichen, um eine vollständige Heilung zu erreichen. Bei verschleppter Erkrankung kann die Entzündung chronisch werden oder in Schüben immer wieder aufflackern.

▶ Häusliche Behandlung

In manchen Fällen kann die Applikation von Wärme (Rotlicht) auf das erkrankte Ohr heilsam sein. Bei eitrigen Prozessen verschlimmert Wärme jedoch die Entzündung. Daher ist es unbedingt erforderlich, daß Sie sich mit Ihrem Tierarzt beraten, ob mit Wärme behandelt werden darf.

Naturheilkunde

Zusätzlich zur Antibiotikumbehandlung sollten auch hier mit Rotem Sonnenhut *(Echinacea purpurea)* die Selbstheilungskräfte des Körpers bestärkt werden.
5–10 Tropfen pro Tag zusammen mit einer Messerspitze Vitamin-C-Pulver werden der Katze mit dem Futter verabreicht.

Gefahr für den Menschen

– Keine –

Taubheit

> **Ursachen**

Neben angeborener Taubheit (Waardenberg-Syndrom bei weißen Katzen) kann durch Durchblutungsstörungen aufgrund einer Herzminderleistung, aufgrund Arzneimittelvergiftungen, aufsteigenden Entzündungen aus dem Mittelohr oder Schädelverletzungen die Hörfähigkeit verlorengehen.

> **Ansteckung**

Sofern die Taubheit durch eine Infektion mit Krankheitserregern hervorgerufen wird, kann diese auf andere Katzen übertragen werden und dort eventuell ebenfalls Taubheit verursachen.

Angeborene und vererbliche Taubheit findet man bei weißen Katzen mit blauen Augen.

> **Verlauf**

Dem Besitzer fällt auf, daß die Katze z.B. bei Klingelzeichen an der Tür oder auf Zurufen nicht mehr reagiert. Häufig wird das veränderte Verhalten des Tieres erst nach Tagen bemerkt, so daß eine sofortige Notfallbehandlung des »Hörsturzes« und damit die eventuelle Rettung der Hörfähigkeit kaum möglich ist.

> **Tierärztliche Behandlung**

Die Therapie richtet sich nach der Grundkrankheit. Nicht immer gelingt es, die auslösende Ursache herauszufinden.

> **Häusliche Pflege**

Außer einer verständnisvollen Behandlung der zunächst noch etwas orientierungslosen tauben Katze sollten die vom Tierarzt verordneten Medikamente konsequent verabreicht werden.

Naturheilkunde

Präparate aus der Naturheilkunde gegen Taubheit gibt es nicht.

> **Vorbeugung**

Regelmäßige Gesundheitskontrollen (vor allem Herzkontrolle).

Gefahr für den Menschen

– Keine –

▶ Unsauberkeit

Wenn eine erwachsene Katze plötzlich die Wohnung mit Urin oder Kot verschmutzt, muß das nicht unbedingt psychische Ursachen haben. Auch Harnwegsinfektionen, Harngries, Nierenerkrankungen sowie Verletzungen oder Lähmung der Blase können zur Unsauberkeit führen. Tiere, die beim Urinabsatz Schmerzen empfinden (z.B. bei einer akuten Blasenentzündung) verbinden dieses unangenehme Gefühl mit der Katzentoilette und versuchen ihm durch Absetzen des Urins und eventuell auch des Kotes an anderen Stellen in der Wohnung zu entgehen. Bei einer Blasenlähmung, die bei Wirbelsäulenerkrankungen oder Unfällen auftreten kann, kommt es zu unkontrollierten Entleerungen. Grundsätzlich gilt daher: **Unsauberkeit bei Katzen kann gesundheitliche Ursachen haben.** Vor jeder Verhaltenstherapie sollte durch eine tierärztliche Untersuchung abgeklärt werden, ob nicht eine Erkrankung für die Störung verantwortlich ist.
Ist Ihre Katze gesund, müssen Sie nach den Ursachen der Verhaltensänderung forschen. Das ist nicht immer leicht und erfordert viel Geduld und Einfühlungsvermögen. Bestrafen Sie das Tier niemals durch Schütteln, Schlagen oder sogar Hineinstupsen in die Ausscheidungen. Dadurch wird alles nur noch schlimmer. Sie erreichen nur, daß Ihre Katze neben der Unsauberkeit auch noch verschreckt und menschenscheu wird. Eine aus psychischen Gründen unsaubere Katze ist **unglücklich.** Ihr Verhalten ist kein Trotz, wie so häufig hineininterpretiert wird, sondern eher mit dem unbewußten Bettnässen bei Kindern mit psychischen Problemen vergleichbar.
Vernachlässigung, falsche Behandlung (z.B. Erziehungsmaßnahmen), Veränderungen in der Familie oder Einschränkung des Reviers durch einen neuen Artgenossen sind bei sensiblen Tieren Gründe für Unsauberkeit. Das Absetzen von Urin oder Kot in der Wohnung ist dann ein instinktives Verhalten, um sich gegen Bedrohungen abzugrenzen. Vermehrte Zuneigung (auch wenn es angesichts verschmutzter Möbel oder Teppichen schwerfällt) helfen häufig das Problem in den Griff zu bekommen. Zusätzlich sollten Sie folgende Maßnahmen anwenden:
1. Reinigen Sie die Katzentoilette nach jeder Benutzung. Manche Katzen meiden verschmutzte Toiletten. Stellen Sie eventuell eine weitere Toilette auf. Viele Tiere setzen Kot und Urin lieber getrennt in 2 verschiedenen Kästchen ab. Verwenden Sie keine Desinfektionsmittel zur Reinigung der Toilette. Manche der sensiblen Vierbeiner stört der scharfe Fremdgeruch.
2. Futter- und Wassernäpfchen sollten an einem anderen, weit von der Toilette entfernten Ort aufgestellt sein. Katzen fressen nicht gerne in unmittelbarer Nähe ihrer Ausscheidungen.
3. Toiletten sollten immer so aufgestellt werden, daß die Katze beim Verrichten ihrer »Geschäftchen« sich unbeobachtet fühlt und nicht durch Geräusche erschreckt werden kann.
4. Auch die Form und die Stabilität der Katzenkiste kann sensible Tiere davon abschrecken, sie zu benutzen. Wackelige Kisten, deren Rand sehr hoch ist und die beim Betreten umfallen, können Katzen die Sauberkeit »austreiben«. Verhaltensforscher warnen vor Kisten mit Dach. In Freiheit verscharren Katzen ihre Ausscheidungen nicht in geschlossenen Räumen. Die Verwendung höhlenartiger Katzentoiletten könnte ein Grund für Unsauberkeit sein.
5. Katzen sind Gewohnheitstiere. Das Wechseln der Einstreumarke kann dazu führen, daß die Toilette nicht mehr angenommen wird.
6. Die Geschlechtsreife kann Ursache für Unsauberkeit sein. Lassen Sie Kätzin wie Kater mit Beginn der Geschlechtsreife kastrieren.
7. Leben mehrere Katzen im Haushalt oder wurde eine »Neue« aufgenommen, so sollten soviele Schlaf-, Spiel-, und Aufenthaltsplätze vorhanden sein oder neu geschaffen werden, daß jedes der Tiere ein eigenes Territorium besetzen kann.
8. Um den Geruch von Katzenurin zu neutralisieren, gibt es spe-

spezielle Sprays im Handel. Fragen Sie Ihren Tierarzt. Er hat solche Präparate meist vorrätig.

▸ Ängstlichkeit

Eine überängstliche Katze hat in der Regel schlechte Erfahrungen in ihrem Leben gemacht. Das Vertrauen eines solchen vorgeschädigten Tieres zu gewinnen, dauert meist sehr lange. So kann es vorkommen, daß ein ängstliches Tier bei einem neuen Besitzer wochenlang unter einem Schrank sitzt und nur nachts zur Futterschüssel huscht. Versuchen Sie nicht, das Tier gewaltsam aus seinem Versteck herauszuziehen. Gehen Sie möglichst langsam durch die Wohnung und vermeiden Sie laute Geräusche und Hektik. Sprechen Sie das Tier mit leiser Stimme immer wieder an und warten Sie ab. Wenn es merkt, daß von Ihnen keine Gefahr droht, wird es irgenwann von selbst auf Sie zugehen.
Aber wie gesagt, das kann Wochen dauern. Sie dürfen nicht die Geduld verlieren. Meist bleiben solche ängstlichen Tiere anderen Personen gegenüber ein Leben lang mißtrauisch und verkriechen sich, wenn ein Fremder die Wohnung betritt.

▸ Anknabbern von Pflanzen

Das Anknabbern von Zimmerpflanzen ist eine Untugend vor allem junger Katzen und nicht ganz ungefährlich. Eine Reihe von Zimmerpflanzen sind für Katzen unverträglich, manche sogar giftig. Wenn Sie Ihre Katze in flagranti ertappen, vertreiben Sie sie mit einem Strahl aus der Blumenspritze. Das Tier wird das unangenehme nasse Gefühl mit den Blumen in Verbindung bringen. Mehrmaliges Wiederholen dieser Abschreckungsaktion führt meist zum dauerhaften Erfolg. Bieten Sie Ihrem Tier eine Alternative zu den verbotenen Pflanzen. Grobfaseriges Katzengras aus dem Zoofachhandel zum Selbstziehen, gekeimte Gerste oder Grünlilien eignen sich als Pflanzennahrung und Brechhilfe für Katzen.

▸ Zerkratzen von Möbeln

Das Schärfen der »Waffen« ist ein instinktives und für die Psyche der Katze notwendiges Verhalten. Daß es bei Wohnungskatzen, die Möbel und Polster dazu verwenden, sehr lästig sein kann, ist nicht die Schuld der Tiere, sondern das Problem des Menschen, der für eine artgerechte Haltung seiner Katze verantwortlich ist. Das Krallenschärfen kann durch keine Erziehungsmaßnahme abtrainiert werden. Es kann nur auf eine angebotene Alternative abgelenkt werden. Solche Alternativen kann man ganz leicht selbst basteln. Ein Stück Teppich an ein Brett genagelt oder mit Kordel um einen Pfosten gewickelt genügt schon. Sie können auch fertige Kratzbäume und -bretter im Zoofachhandel kaufen. Damit die Kratzgelegenheit angenommen wird, nehmen Sie Ihr Tier auf den Arm und streichen vorsichtig mit der Unterseite der Pfoten darüber. Zwischen den Pfotenballen sind Schweißdrüsen. Sie sondern einen für uns Menschen kaum wahrnehmbaren Duft ab. Wenn die Katze dann zu einem späteren Zeitpunkt den Kratzbaum beschnuppert, wird sie ihn als ihr Eigentum identifizieren und in den meisten Fällen zu dem vorgesehenen Zweck benutzen.

▸ Aggressivität

Kleine Katzen wissen noch nicht, daß die menschliche Haut besonders verletzlich ist. Wenn Sie mit Ihrem Vierbeiner spielen, sollten Sie ihm deutlich zeigen, wenn er Ihnen wehgetan hat. Unterbrechen Sie das Spiel sofort und zeigen Sie der kleinen Katze Ihre Wunde, indem Sie gleichzeitig laut »jammern«. Die intelligente Katze merkt dann sehr schnell, daß sie mit Menschen vorsichtiger umgehen muß.
Katzen sind kleine Persönlichkeiten, denen man seinen Willen nicht aufzwingen darf. Besonders Kindern sollte man das frühzeitig erklären. Nicht jede Katze ist eine Schmusekatze und möchte auf den Arm genommen, herumgetragen oder ständig gestreichelt werden. Wie sich ein Tier gegen solche »Zumutungen« wehrt, hängt vom Charakter des Vierbeiners ab. Gutmütige Katzen versuchen einfach wegzugehen; temperamentvolle Tiere können

VERHALTENSPROBLEME DER KATZE

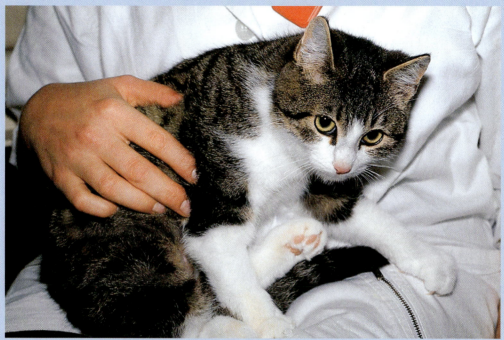

Das Imitieren des Milchtritts auf dem Arm deutet auf Wohlbehagen hin.

aber auch kratzen oder zubeißen. In einem solchen Fall handelt es sich nicht um ein Fehlverhalten der Katze, sondern des Menschen.

Wenn Katzen zusammenleben, kann es auch einmal Ohrfeigen untereinander hageln. Das ist harmlos. Der Mensch sollte sich da nicht einmischen. Bei aggressiven Auseinandersetzungen können sich die Tiere jedoch auch ernste Verletzungen zufügen, vor allem, wenn sie in einer kleinen Wohnung keine Ausweichmöglichkeiten haben. In einem solchen Fall müssen die Streithähne voneinander getrennt und in verschiedene Räume gebracht werden. Setzen Sie dann die Tiere täglich um, d.h. in den Raum, in dem die jeweils andere Katze tags zuvor gelebt hat, damit sie sich an den Geruch des Artgenossen gewöhnen. Tauschen Sie auch Futter- und Wasserschüsselchen aus. Nach ein paar Tagen kann man die Katzen unter Aufsicht zusammenlassen.

Der bekannte Verhaltensforscher Dr. Brunner empfiehlt, Streithähne zu baden und naß in einen Raum zu bringen. Die Katzen sind dann so mit Putzen beschäftigt, daß sie ihre Abneigung vergessen und sich als Leidensgenossen akzeptieren oder zumindest dulden.

▶ Saugeln und Treteln

Das Saugen an den Fingerkuppen oder Kleidungsstücken sowie das Treteln mit den Vorderpfoten, wenn sie gekrault oder gestrichelt werden, ist bei Katzen ein Überbleibsel aus der Welpenzeit. Beim Saugen an der Zitze der Mutter treten die kleinen Katzen gleichzeitig mit den Vorderpfoten ins Gesäuge (Milchtritt), um den Milchfluß anzuregen.

Bei erwachsenen Katzen ist dieses Verhalten als intensiver Liebesbeweis dem menschlichen Lebensgefährten gegenüber und als Zeichen von Zufriedenheit zu deuten.

Erkrankung	Pflanze	Zubereitung Darreichungsform	Warnhinweise
Allergie	Süßholz (Glycyrrhiza glabra)	Absud	Nicht bei Katzen mit Herzminderleistung und Wasserrückstau
Beruhigung	Johanniskraut (Hypericum perforatum)	Aufguß	Behandelte weiße Katzen nicht starkem Sonnenlicht aussetzen (erhöhte Lichtempfindlichkeit)
Blähungen	Kümmel (Carum carvi)	Samen gemahlen	
	Fenchel (Foeniculum vulgare)	Aufguß	
Blasenerkrankungen	Zinnkraut (Equisetum arvense)	Aufguß	
Durchfall	Odermennig (Agrimonia eupatoria)	Absud	
	Heidelbeere (Vaccinum myrtillus)	Absud	
	Lebende Hefen	Fertigpräparat Perenterol®	
	Eichenrinde (Cortex Quercus)	Absud	
Ekzeme	Zaubernuß (Hamamelis virginica)	Absud	
	Eichenrinde (Cortex Quercus)	Absud	
Entzündete Mundschleimhaut	Blutwurz (Potentilla tormentilla)	Tinktur	
	Arnika (Arnica montana)	Tinktur	
	Myrrhe (Commiphora molmol)	Tinktur	
Erbrechen	Melisse (Melissa officinalis)	Aufguß	
Flöhe	Johanniskraut (Hypericum perforatum)	Öl	Behandelte weiße Katzen nicht starkem Sonnenlicht aussetzen (erhöhte Lichtempfindlichkeit)
Gesäugeschwellung	Zinnkraut (Equisetum arvense)	Aufguß	
Haarlinge	Lavendel (Lavendula officinalis)	Öl	Nicht bei Welpen anwenden
Herzerkrankungen	Weißdorn (Crataegus-Arten)	Fertigpräparate	
Husten	Huflattich (Tussilago farfara)	Aufguß	

NATURHEILKUNDE

Erkrankung	Pflanze	Zubereitung Darreichungsform	Warnhinweise
Infizierte Wunden	Kohlblätter (Brassica)		
	Zaubernuß (Hamamelis virginica)	Lotion	
	Ringelblume (Calendula officinalis)	Aufguß	
Läuse	Lavendel (Lavendula officinalis)	Öl	Nicht bei Welpen anwenden
Lebererkrankungen	Mariendistel (Silybum marianum)	Aufguß, Fertigpräparate	
Nierenerkrankungen	Lespedeza Capitata aus Nordamerika	Fertigpräparat Lespenephryl®	
Pilobezoare	Ananas (Ananas sativus)	Saft	
	Süßholz (Glycyrrhiza glabra)	Absud	
Pilze der Haut	Ringelblume (Calendula officinalis)	Aufguß	
	Zaubernuß (Hamamelis virginica)	Absud	
Stärkung des Immunsystems	Roter Sonnenhut (Echinacea purpurea)	Fertigpräparate	
	Vitamin C (Ascorbinsäure)	Pulver, Sanddornmus	
	Wasserdost (Eupatorium cannabium)	Tinkutur	
	Lebende Hefen	Fertigpräparat Perenterol®	
Tumore	Mistel (Viscum album)	Fertigpräparat Iscador®	
Verstopfung	Wegerich (Plantago-Arten)	Aufguß der Samen	
Zecken	Johanniskraut (Hypericum perforatum)	Öl	Behandelte weiße Katzen nicht direkter Sonnenstrahlung aussetzen (erhöhte Lichtempfindlichkeit)
Zuckerkrankheit	Geisraute (Galega officinalis)	Aufguß oder Absud der Sproßteile	Blutzuckersenkende Eigenschaft muß bei der Einstellung des Patienten auf Insulin berücksichtigt werden
	Heidelbeere (Vaccinum myrtillus)	Aufguß oder Absud der Blätter	
	Griechisch Heu (Trigonella foenum-graecum)	Aufguß oder Absud der Samen	

SCHLUSSWORT

Schon vor 35 Millionen Jahren durchstreiften katzenartige Tiere mit ihren Samtpfoten die Urwälder unserer Erde. Zu welcher Zeit sie sich dem Menschen anschlossen, kann man nicht mehr genau rekonstruieren. Katzenabbildungen aus dem 6. Jahrtausend v. Chr. zeigen jedoch, daß bereits Menschen vorchristlicher Kulturen enge Beziehungen zu Katzen pflegten.

In Ägypten zur Zeit der Pharaonen stand die Katze in hohem Ansehen. Verstorbene Katzen wurden wie Menschen einbalsamiert und in geweihten Grabstätten beigesetzt.

Abgesehen von den religiösen Verirrungen des Mittelalters schätzte man die Katze zu allen Zeiten als Mäuse- und Rattenvertilgerin. Sie trug damit wesentlich zur Seuchenverhütung bei. Auch heute wird kaum ein Bauernhof auf die Hilfe von Katzen bei der Kleinnagerbekämpfung verzichten wollen.

So nützlich die Katze für den Menschen auch war oder ist, für die medizinische Versorgung dieser liebenswerten Tiere wurde lange Zeit so gut wie nicht gesorgt. Es schien fast undenkbar und eher lächerlich, daß sich ein Tierarzt um eine kranke Katze kümmerte.

Vor ca. 20 Jahren jedoch wurde das erste medizinische Fachbuch über Katzenkrankheiten geschrieben und die Behandlung dieser Tierart in das Ausbildungsprogramm der tierärztlichen Fakultät der Universitäten aufgenommen. Inzwischen hat sich viel getan. So wurden z.B. Impfstoffe gegen die gefährlichsten Infektionskrankheiten der Katze entwickelt. Durch umfangreiche Forschungen auf dem Gebiet der Katzenkrankheiten sowie durch Spezialisierung vieler Tierärzte auf Fachbereiche wie Augenkrankheiten, Chirurgie, Zahnbehandlung und vieles mehr hat sich die Qualität der medizinischen Versorgung unserer Katzen wesentlich verbessert.

Die Anerkennung der Katze als eigenständige Persönlichkeit mit Recht auf medizinische Versorgung setzt sich immer mehr durch. Finanzielle Aspekte dürfen dabei keine Rolle spielen.

Inzwischen gibt es Tierkrankenversicherungen, die, rechtzeitig abgeschlossen, Tierarztkosten weitgehend übernehmen.

Schon bei der Anschaffung eines Tieres muß man eventuelle Kosten wegen Krankheit einkalkulieren. Wenn man sich das nicht leisten kann, sollte man kein Tier halten.

Eine schmerzlose Tötung im Endstatium einer unheilbaren Krankheit sowie bei schweren irreparablen Verletzungen und Verstümmelungen ist ein Akt des Tierschutzes. Das Einschläfern eines gesunden Tieres z.B. aus finanziellen Gründen ist erfreulicherweise nach dem Tierschutzgesetz verboten.

Die Entscheidung, wann der richtige Zeitpunkt gekommen ist, fällt einem Tierfreund und auch dem Tierarzt selbst schwer, um so schwerer, je mehr man ein Tier mit Recht auf Leben, Unversehrtheit und eigenen Willen achtet. Ein Kriterium, nach dem man seine Entscheidung treffen kann, ist die Lebensfreude des Tieres. Solange sie erhalten ist oder die Chance besteht, sie wieder herstellen zu können, sollte man das Leben der kranken Katze erhalten. Regelmäßige Maßnahmen wie Spritzen (z.B. Insulinspritzen) oder Infusionen zur Verlängerung des Lebens sind dabei aus tierschützerischer Sicht durchaus zu vertreten.

Ist Ihre Katze gestorben oder wurde eingeschläfert, können Sie sie auf dem eigenen Grundstück begraben, vorausgesetzt, das Grundstück liegt nicht in einem Wasserschutzgebiet und das Vergraben erfolgt nicht in unmittelbarer Nähe öffentlicher Wege und Plätze. Wenn Sie das Tier zur Tierkörperbeseitigung bringen, wird es mit Schlachtabfällen und anderen toten Tieren zusammen verbrannt. Das ist nicht jedermanns Sache.

Manche örtlichen Tierschutzvereine unterhalten daher einen Tierfriedhof oder führen Einzelverbrennungen von Haustieren durch. Die Asche kann sogar vom Besitzer in einer Urne mit nach Hause genommen werden. Jeder der seine Katze liebt, hofft jedoch, daß diese zwar notwendigen, aber traurigen Überlegungen noch eine lange Zeit durch gute

SCHLUSSWORT

Pflege und mit Hilfe des Tierarztes hinausgeschoben werden können.
Durch die Eigenschaft der Katze, ihr eigenes Leben zu führen, wirkt sie im Zusammenleben mit dem Menschen wie ein selbständiger erwachsener Partner. Wahrscheinlich ist das der Grund, warum besonders freiheitsliebende und die Freiheit anderer achtende Menschen diese kleinen unabhängigen Wesen so sehr lieben. Tyrannen und Diktatoren wie z.B. Alexander der Große, Dschingis Khan, Napoleon I, Julius Caesar und Mussolini haßten Katzen.

NÜTZLICHE ADRESSEN

Deutscher Tierschutzbund e.V.
Baumschulallee 15
53115 Bonn
Tel. 0228-63 10 05/7
Fax 0228-63 12 64

Bundesverband Tierschutz
Dr. Boschheidgen-Straße 20
47447 Moers
Tel. 02841-252 44/6
Fax 02841-262 36

TASSO Haustierzentralregister
Postfach 1423
65795 Hattersheim
Tel. 06190-40 88

Zentralverband der Österreichischen Tierschutzvereine
& Wiener Tierschutzverein
Khleslplatz 6
A-1120 Wien
Tel. 01-804 77 74

STS – Schweizer Tierschutz
Zentralsekretariat
Birsfelderstraße 45
CH-4052 Basel
Tel. 061-311 21 10

Verein Deutscher Katzenfreunde e.V.
Silberberg 11
22119 Hamburg
Tel. 040-45 48 42

Katzenschutz-Bund
Cat-Sitter-Club
Grafenberger Allee 147
40237 Düsseldorf
Tel. 0211-66 32 06

Erster Deutscher
Edelkatzenzüchter-Verband e.V.
(1. DEKZV e.V.)
Humboldtstraße 9
65189 Wiesbaden
Tel. 0611-30 00 16
Fax 0611-30 94 03

Einziges deutsches Mitglied der Fédération Internationale Féline (FIFe)

Seitenzahlen in **fetter Schrift** bezeichnen den Hauptvermerk.

A
Acetylsalicylsäure 105
Aggressivität 120
Ängstlichkeit 120
Allergien **57**, 89, 122
Anknabbern von Pflanzen 120
Augen 108
Augenhornhaut 112
Augenkompresse 23
Augenlider 108
Aujeszkysche Krankheit 40
Autoimmunerkrankungen 57

B
Bandwürmer 73
Benzin 105
Benzoesäure 105
Beruhigung 122
Bindehautentzündung 109
Blähungen 122
Blasenentzündung 92
Blasenerkrankungen 122
Bauchspeicheldrüse 84
Blutungen 12
Blutuntersuchung 15
Borreliose 45

D
Darm 73
Diabetes mellitus 84, **86**, 99
Diät 79
Dosenfutter 18
Durchfall 79, 122

E
Echinokokkose 63
Eingabe von Flüssigkeit 21
Eingeschränkte Nierenfunktion 90
Eisprung 9
EKG 16, 103
Ektoparasiten 42
Ekzem 122
Entwicklung gesunder Kätzchen 9
Entwurmung **14**, 75
Entzündete Mundschleimhaut 122
Eosinophiles Geschwür 58
Eosinophiles Granulom 58
Epileptische Anfälle 12
Epiphora 111
Erbrechen **70**, 90, 122
Ernährung 17
Ernährungsfehler 56

F
Fellpflege 22
Fieber 10
FIP **14**, 36
Fliegenlarven 52
Flöhe 42, 122
Flohpuder/Flohspray 105
Fremdkörper 71
Fuchsbandwurm 63, **76**
FUS 94

G
Gebärmutter 9
Gebärmuttervereiterung 99
Geburt 9
Gesäugeschwellung 122
Gesäugetumoren 96
Geschlechtsreife 8
Gewichtskontrolle 15
Giftpflanzen 107
Glaukom (Grüner Star) 113
Grauer Star 115

H
Haarausfall 59
Haarballen 72
Haarlinge **48**, 123
Hakenwürmer 74
Harnkonkremente 94
Hautmilben 49
Hautpilze 53
Hauttumoren 60
Heizöl 105
Herbstgrasmilben 50
Herzkontrolle 16
Herzkrankheiten **103**, 122
Hexachlorophen 105
Hitzschlag 13
Hormone 99
Hormoneller Haarausfall 59
Husten 101, 102, 123

I
Infektionen der Atemwege
Inhalieren 21, 30
Insulin 86

J
Jod 105

K
Kastration 16, 100
Katzen-Aids 39
Katzenallergie 89
Katzenausstellungen 53
Katzenkaries 68
Katzenkratzkrankheit 62
Katzenpille 98
Katzenseuche 14, **26**
Katzenschnupfen 14, **28**
Katzenzyklus 8
Körpergewicht 10
Körperpflege 22

REGISTER 127

Körpertemperatur 12
Katzenallergie 57
Kotuntersuchung **14,** 76
Krallen 24
Krankenpflege 21
Kryptorchismus 98

L
Läuse 46, **123**
Lebenserwartung 8
Leber **82,** 123
Leberentzündung 82
Leberlipidose 83
Leberverfettung 83
Leukose 14, **34**
Liebevolle Unterstützung
der Körperpflege 22
Lösungsmittel 82, **105**
Lupus erythematoides 58

M
Magen 70
Magenschleimhaut-
entzündung 72
Malzpaste 72
Mikrosporie **53,** 62
Milben 50
Milchdrüsenschwellung 99
Mittelohrentzündung 117

N
Nahrungsmittelallergie 57
Neck lesions 68
Nickhautvorfall 111
Nieren **90,** 123
Nierenversagen 90

O
Ohren 24, 118
Ohrmilben 116

P
Pankreas 84
Pemphigus 58
Pilobezoare **71,** 123
Pilze 123

R
Räude 49
Rattengift 105
Rolligkeit 8
Rotlichtbestrahlung 22

S
Salmonellose 62
Sarcoptes-Milben 50
Saugeln 121
Scheinträchtigkeit 96
Schluckbeschwerden 90
Schnupfen 14, **28,** 101
Schock 13
Schutzimpfungen 14
Spulwürmer **63,** 74
Stärkung des
Immunsystems 123

T
Tabletteneingabe 21
Taubheit 118
Terpentin 105
Tollwut 14, **32,** 62
Toxoplasmose 62, **77**
Trächtigkeit 9
Transportkörbe 19
Treteln 121
Trockenfutter **18,** 56, 95

Tumoren des
Atemtraktes 102

U
Unsauberkeit 119
Untertemperatur 10

V
Verbrennungen 12
Vergiftungen 105
Verstopfung **80,** 123

W
Wunden **12,** 122
Würmer 73

Z
Zähne 64
Zahnfleischentzündung 66
Zahnpflege 16
Zahnstein 64
Zahnwechsel 11
Zecken **45,** 123
Zerkratzen von Möbeln 120
Zuckerkrankheit 84, **86,** 122
Zystitis 92

Der richtige Umgang mit Katzen

Doris Quinten-Graef
Was fehlt denn meiner Katze?
Durch richtige Haltung und Fütterung Krankheiten vorbeugen; medizinische Daten nachschlagen, Erste Hilfe leisten, Heilmittel selbst einsetzen; Fragen an den Tierarzt, Hilfen für die Diagnosestellung.

Bruce Fogle
Katzen kennen und verstehen
Körpersprache und Verhalten
Endlich verstehen, wie Katzen denken: liebenswerter und informativer Bildband, der faszinierende Einblicke in das Leben, die »Sprache« und die Verhaltensrituale der Katzen bietet.

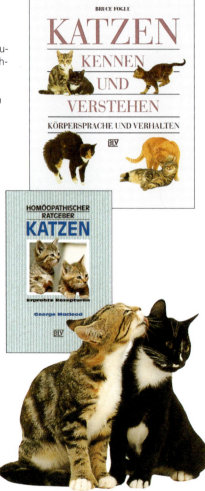

George Macleod
Homöopathischer Ratgeber Katzen
Umfassendes Grundlagenwissen zu homöopathischen Behandlungsmethoden für Katzen, gegliedert nach Krankheitserscheinungen: Ursachen, Symptome, Diagnose, Behandlung; homöopathische Mittel und deren gezielte Anwendung.

David Alderton
Katzenrassen
Faszination auf leisen Pfoten: die schönsten Rassen der Welt mit Farbfotos, die direkt mit Hinweisen auf besondere Bestimmungsmerkmale versehen sind, und Informationen zu Abstammung, Körperbau, Verhalten, Haltung und Pflege von Katzen.

Im BLV Verlag finden Sie Bücher zu folgenden Themen: Garten und Zimmerpflanzen • Wohnen und Gestalten • Natur • Heimtiere • Jagd • Angeln • Pferde und Reiten • Sport und Fitneß • Tauchen • Reise • Wandern, Alpinismus, Abenteuer • Essen und Trinken • Gesundheit und Wohlbefinden

Wenn Sie ausführliche Informationen wünschen, schreiben Sie bitte an:
BLV Verlagsgesellschaft mBH • Postfach 40 03 20 • 80703 München
Telefon 089 / 127 05-0 • Telefax 089 / 127 05-543